Unit 1 자기소개 – 학생

자기소개는 OPIc 시험에서 첫 번째 문제로 반드시 출제됩니다. 물론 등급을 결정하는 중요한 문제는 아니지만, 영어로 하는 자기소개는 다방면으로 활용될 수 있으므로, 나만의 답변을 준비해 두도록 합니다.

[빈출 문제] 아래 MAP에서 볼 수 있듯이, 학생이라는 신분으로 출제되는 문제들은 주로 학교와 수업에 집중되어 있습니다. 학생의 경우, 학교 소개, 현재 전공이나 전공을 선택한 이유, 그리고 수업과 관련된 에피소드와 같은 경험을 묻는 문제들로 주로 출제됩니다.

자기소개 – 학생	학교	기억에 남는 사건이나 교내 행사
		학교에 처음 방문했던 날
		학교 소개와 좋아하는 교내 장소 묘사
		학교 소개와 강의실 묘사
		도서관, 랩실, 학생 식당 등 학교시설 이용
	개인	동아리 활동
		어린시절 꿈
		하루 일과
	수업	최근에 봤던 시험
		최근 수행한 프로젝트
		현재 전공과 전공을 선택한 이유
		현재 수강 중인 수업과 수강신청 과정
		좋아하는 수업과 그 이유
		시험이나 수업에 늦거나 결석한 경험
		수업 중 발표한 경험
		좋아하는 교수님과 그 이유

01 Let's start the interview now. Tell me a little about yourself.

이제 인터뷰를 시작하겠습니다. 당신에 대해 말해주세요.

02 What is your major? Why did you choose this field of study? What kinds of courses are you taking? Please give me a description with lots of details.

전공이 무엇인가요무엇인가요? 왜 그 전공을 선택했나요선택했나요? 어떤 수업을 듣고 있나요있나요? 자세히 묘사해주세요묘사해주세요.

03 In your background survey, you indicated that you are a student. Please tell me about a class project that you've worked on recently. What was it about? What did you do for the project? How did it end? Tell me everything in detail.

설문조사에서 당신은 학생이라고 했습니다. 최근 수행한 수업 프로젝트에 대해 말해주세요. 무엇에 관한 것이었습니까? 당신은 무엇을 했습니까? 어떻게 끝났나요? 자세히 말해주세요.

자기소개 (학생)

IM-Unit01.mp3

Q) Let's start the interview now. Tell me a little about yourself.
이제 인터뷰를 시작하겠습니다. 당신에 대해 말해주세요.

질문 키워드	interview / about yourself
답변 키워드	오픽 시험의 1번 질문은 자기소개이다. 이 질문은 interview 형식으로 자신에 대해(about yourself) 이야기해야 한다. 답변은 인사말로 시작하고 기본 정보는 이름, 나이, 사는 곳, 가족, 학교와 전공으로 답한다. 개인 묘사는 본인의 성격, 좋아하는 일로 답하고, 본인의 장래희망을 이야기한 후, 마무리 문장으로 답변을 마무리하도록 한다. 주의할 점은, '나에 대한 소개'가 될 수 있도록 학교나 전공 소개에 대한 이야기를 너무 많이 하지 않는 것이다.

STORY TELLING 답변 연습

인사말		I would like to ~	🖉
기본 정보	**이름**	My name is ~	🖉
	나이/사는 곳	I'm ~	🖉
		I live ~	🖉
	가족	There are ~ people ~	🖉
	학교/전공	I go to school at ~	🖉
		I major in ~	🖉
개인 묘사	**성격**	When it comes to my personality, ~	🖉
	좋아하는 일	So, I like to ~	🖉
장래희망		After I graduate, I want to ~	🖉
마무리		about myself	🖉

EXPRESSIONS 답변 핵심 표현

- live off-campus 학교 밖에서 살다
- 4 people in my family 4명의 가족
- go to school at ~ ~학교에 다니다
- major in ~ ~을 전공하다

- when it comes to my personality, 나의 성격에 관해서는
- outgoing and sociable 외향적이고 사교적인
- like to hang out with my friends 친구들과 어울리는 것을 좋아하다
- after I graduate 졸업한 후에

A) Best answer
모범 답안

주제/소개	인사말		Hi Eva. I would like to introduce myself. 안녕하세요 에바 씨. 제 소개를 해보겠습니다.
답변 전개	기본 정보	이름	My name is 삼육오, and my English name is Sam. 제 이름은 삼육오이고, 제 영어 이름은 Sam입니다.
		나이/사는 곳	I'm 22 and I live <u>off-campus</u> with <u>my family</u>. 저는 22살이고 학교 밖에서 가족과 살고 있습니다.
		가족	There are 4 people in my family; my mom, dad, older sister and me. 저희 가족은 엄마, 아빠, 누나 그리고 저 4명입니다.
		학교/전공	I go to school at <u>한국</u> University. 저는 한국 대학교에 다니고 있습니다.
			And I major in engineering. 그리고 엔지니어링을 전공하고 있습니다.
	개인 묘사	성격	When it comes to my personality, I am very <u>outgoing and sociable</u>. 제 성격에 관해서는, 저는 매우 외향적이고 사교적입니다.
		좋아하는 일	So, I like to <u>hang out</u> with my friends and family. 그래서 저는 친구들이나 가족과 어울리는 것을 좋아합니다.
		장래희망	After I graduate, I want to <u>work at a major company in my field</u>. 졸업한 후에, 저는 제 전공 분야의 대기업에서 일하는 것을 원합니다.
마무리			Anyway, that's all I can think of about myself. Thanks! 이 정도가 제 자신에 대해 생각나는 전부입니다. 감사합니다.

SENTENCES 답변 핵심 문장

① 저는 ~와 ~에 살고 있습니다. → **I live in + 위치 + with + 사람.**
I live in a dormitory with a roommate. 저는 룸메이트와 기숙사에 삽니다.
I live in a studio apartment by myself. 저는 원룸에서 혼자 삽니다.

② 저는 ~대학교에 다닙니다. → **I go to school at + 학교명 University.**
cf. I study at 한국 University. / I am a student at 한국 University.

③ 제 성격은 굉장히 ~입니다. → **I am very + 성격.**
I am very friendly and humorous. 저는 굉장히 친절하고 유머러스합니다.
+ positive and friendly 긍정적이고 친절한 / + shy and quiet 수줍고 조용한 / + kind and easy-going 친절하고 느긋한
/ + cheerful and active 명랑하고 활동적인

④ 저는 ~하는 것을 좋아합니다. → **I like to + 좋아하는 일.**
I like to watch movies / read books / socialize with people.
저는 영화 감상 / 독서 / 사람들과 교제를 즐깁니다.

⑤ 졸업한 후에, 저는 ~하기를 원합니다. → **After I graduate, I want to + 원하는 것.**
+ work at a major company 대기업에서 일하다 / + get an internship at a major company 대기업에서 인턴쉽을 하다 /
+ go to graduate school 대학원에 가다

Unit 2 자기소개 - 회사원

자기소개는 OPIc 시험에서 첫 번째 문제로 반드시 출제됩니다. 물론 등급을 결정하게 되는 중요한 문제는 아니지만, 영어로 하는 자기소개는 다방면으로 활용될 수 있으므로, 나만의 답변을 준비해 두도록 합니다.

[빈출 문제] 아래 MAP에서 볼 수 있듯이, 회사원이라는 신분으로 출제되는 문제들은 주로 회사 소개, 파는 상품이나 서비스 혹은 업무와 관련된 질문이 많이 출제됩니다. 업무를 진행하면서 어려웠던 경험, 사용했던 기술, 문제를 해결했던 방법 등 다양한 질문이 출제될 수 있습니다. 그 외에, 회사 생활과 관련된 다양한 질문들도 빈번히 출제되고 있습니다.

자기소개 - 회사원	회사	회사 소개와 업종
		회사 소개와 사무실 묘사
		사무실에서 사용하는 기구
		회사에서 제공하는 기억에 남는 교육
		직장내 복장
		회사에 지각한 경험
		회사에서 제공하는 혜택
	개인	점심시간에 하는 일
		하루 일과
	업무	동료나 상사와 문제가 있었던 경험
		동료에게 도움을 받았던 경험
		회사의 직책과 업무
		야근을 하는 빈도와 야근을 하는 이유
		야근을 받았을 때의 기분
		지난 주에 한 업무
		현재 진행중인 프로젝트
		기억에 남는 프로젝트
		프로젝트 수행 중에 겪은 어려움
		프로젝트 마감을 어겼던 경험
		프로젝트에서 사용한 기술

01 Let's start the interview now. Tell me a little about yourself.

이제 인터뷰를 시작하겠습니다. 당신에 대해 말해주세요.

02 In your background survey, you indicated that you are employed. Tell me about the company you currently work for. Where is it located and when was it established? What services or products does it provide to customers?

배경 설문에서 당신은 고용된 상태라고 했습니다. 현재 다니고 있는 회사에 대해 말해주세요. 어디에 위치해 있으며, 언제 설립되었습니까? 고객에게 어떤 서비스나 상품을 제공하나요?

03 Have you ever had a problem with a particular project? What was the problem and how was it resolved? Please give me a description with lots of details.

어떤 프로젝트에 문제가 있었던 적이 있나요? 어떤 문제였나요, 그리고 어떻게 해결 되었나요? 상세하게 묘사해주세요.

자기소개(회사원)

IM-Unit02.mp3

 Q) Let's start the interview now. Tell me a little about yourself.
이제 인터뷰를 시작하겠습니다. 당신에 대해 말해주세요.

질문 키워드	interview / about yourself
답변 키워드	오픽 시험의 1번 질문은 자기소개이다. 이 질문은 interview 형식으로 자신에 대해(about yourself) 이야기해야 한다. 답변은 인사말로 시작하고 기본 정보로 이름, 나이, 사는 곳, 가족으로 답한다. 개인 묘사는 성격, 여가시간, 직업/커리어를 답하고, 개인적 꿈이나 희망을 이야기한 후, 답변을 마무리하도록 한다. 주의할 점은, '나에 대한 소개'가 될 수 있도록 회사나 업무에 대한 이야기를 너무 많이 하지 않는 것이다.

STORY TELLING 답변 연습

인사말		I would like to ~	🖉
기본 정보	이름	My name is ~	🖉
	나이/사는 곳	I'm ~	🖉
		I live in ~	🖉
	가족	There are ~ people ~	🖉
개인 묘사	성격	When it comes to my personality, ~	🖉
	여가시간	And I enjoy ~	🖉
	직업/커리어	As for my career, ~	🖉
개인적 꿈/희망		And I want to ~	🖉
마무리		about myself	🖉

EXPRESSIONS 답변 핵심 표현

- live in (도시) with my family　가족들과 ~에 산다
- 4 people in my family　4명의 가족
- my personality　나의 성격
- active and friendly　활동적이고 친근한
- enjoy watching movies　영화 보기를 즐긴다
- as for my career　직업에 관해서는
- work for ~　~에서 일하다
- get promoted　승진하다

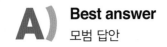

A) Best answer
모범 답안

주제/소개	인사말		Hi Eva. I would like to introduce myself. 안녕하세요 에바 씨. 제 소개를 해보겠습니다.
답변 전개	기본 정보	이름	My name is 삼육오, and my English name is Sam. 제 이름은 삼육오이고, 제 영어 이름은 Sam입니다.
		나이/사는 곳	I'm <u>38</u> and I live in Seoul with my family. 저는 38살이고 서울에서 가족들과 함께 살고 있습니다.
		가족	There are <u>4</u> people in my family; my wife, my son and daughter, and myself. 저희 가족은 아내와 저의 아들과 딸 그리고 저 4명입니다.
	개인 묘사	성격	When it comes to my personality, I am very <u>active and friendly</u>. 제 성격에 관해서는, 저는 매우 활동적이고 친근합니다.
		여가시간	And I enjoy <u>watching movies in my free time</u>. 그리고 저는 여가시간에 영화 보기를 즐겨 합니다.
		직업/커리어	As for my career, I am working for ABC Electronics as a manager. 직업에 관해서는, 저는 ABC 전자에서 매니저로 일하고 있습니다.
	개인적 꿈/희망		And I want to <u>get promoted as soon as possible</u>. 그리고 저는 가능한 한 빨리 승진을 했으면 좋겠습니다.
마무리			Anyway, that's all I can think of about myself. Thanks! 이 정도가 제 자신에 대해 생각나는 전부입니다. 감사합니다.

SENTENCES 답변 핵심 문장

1 저는 ~살입니다. → I am (나이).
I'm 50. 저는 50살입니다.
cf. I'm in my + (10의 숫자)s 저는 ~십대의 나이입니다.
I'm in my (early / middle / late) 30s. 저는 30대 (초반/중반/후반)입니다.

2 저의 가족은 ~명입니다. → There are + 가족 수 people in my family.
cf. 저는 2명의 가족 구성원이 있습니다. I have 2 family members.
cf. I have 4 family. (x) 4명의 가족수가 아니라 4 그룹의 가족이 있다는 뜻

3 제 성격은 굉장히 ~합니다. → I am very + 성격.
I am very <u>friendly and humorous</u>. 저는 굉장히 친근하고 유머러스합니다.
+ positive and friendly 긍정적이고 친근한 / + shy and quiet 수줍고 조용한 / + kind and easy-going 친절하고 느긋한
/ + cheerful and active 명랑하고 활동적인

4 저는 ~하는 것을 즐깁니다. → I enjoy + 즐기는 일.
I enjoy watching movies / reading books / socializing with people. 저는 영화 감상 / 독서 / 사람들과 교제를 즐깁니다.

5 저는 ~하기를 원합니다. → I want to + 원하는 것.
I want to transfer to an international company 저는 외국계 회사로 이직하고 싶습니다.
I want to get a job abroad 저는 외국에 취업을 하고 싶습니다.
I want to make a lot of money. 저는 돈을 많이 벌고 싶습니다.

Unit 3 가족/친구

"가족"이나 "친구"와 관련한 주제는 돌발 주제 중 하나입니다. Background Survey에서 거주지를 묻는 질문에서 가족과 함께 산다고 선택한 경우에 주로 출제되며, 학생과 직장인 모두에게 두루 출제되고 있습니다.

> **[빈출 문제]** "가족"이나 "친구"와 관련한 주제는 가족이나 친구 중 한 명 묘사, 만나면 주로 하는 일, 최근에 만나서 한 일과 방문 경험 등의 문제가 자주 출제됩니다. 이 주제는 다양한 주제들과 함께 세트 문제 중 하나로 출제되는 경우가 많습니다. 주로는 거주지에 대해 묻고, 가족에 대해 묻거나, 반대로 가족에 대한 질문을 한 뒤 거주지에 관해 묻기도 합니다. 휴일이나 여행, 휴가 등과 관련한 질문 뒤에 따라 나오기도 합니다.

	인물	가족/친구 중 한 명 묘사
가족	경험	가족/친구집을 방문한 경험
		가족/친구집을 방문하면 하는 일
		어렸을 때 가족/친구집을 방문한 경험
		가족/친구와 보냈던 특별한 이벤트 (휴일)
	성향	가족/친구를 만나면 주로 하는 일
		가족/친구를 최근에 만나서 한 일

01 Describe a family member or a friend you have. What is he or she like? What is special about that person?

당신의 가족이나 친구 중 한 명을 묘사해주세요. 어떻게 생겼나요? 그 사람의 특별한 점은 무엇인가요?

02 Tell me about what you do with your friends or family members when you meet them.

친구나 가족을 만나면 함께 하는 일에 대해 말해주세요.

03 Talk about a visit to a friend or a family member in your childhood. Who did you visit and who did you go with? What do you remember about that visit? What made it so special?

어릴 적 친구나 가족을 방문했던 것에 대해 말해주세요. 누구를 방문했나요 그리고 누구와 함께 갔나요? 방문에 대해 기억나는 것은 무엇인가요? 무엇이 그것을 특별하게 만들었나요?

IM-Unit03.mp3

 Tell me about what you do with your friends or family members when you meet them.
친구나 가족을 만나면 함께 하는 일에 대해 말해주세요.

질문 키워드	what you do with / friends or family when / meet
답변 키워드	친구나 가족을 만나면 하는 일(what ~ do with ~ when ~ meet)을 묻는 질문이다. 답변은 만나는 목적과 시기 소개(when ~ meet)로 시작하고 만나서 하는 일(what ~ do)은 주로, 종종 그리고 가끔 하는 일들을 나열한 후 활동에 대한 느낌으로 답한다. 그리고 만남과 활동에 대한 개인적 생각과 마무리 문장으로 답변을 마무리하도록 한다.

STORY TELLING 답변 연습

만나는 목적과 시기 소개		hang out with ~ → on weekends	
만나서 하는 일	주로 하는 일	go to a restaurant or a bar	
		talk about our daily lives	
	종종 하는 일	go to see a movie or go shopping	
	가끔 하는 일	go on a trip	
	느낌	fun and enjoyable	
만남과 활동에 대한 개인적 생각		the best way to spend my time	
마무리		about what I usually do with ~	

EXPRESSIONS 답변 핵심 표현

- hang out with ~   ~와 어울리다
- on weekends   주말에
- when I meet them   내가 그들을 만났을 때
- go on a trip   여행을 가다
- fun and enjoyable   재미있고 즐거운

- go to a restaurant or a bar   식당이나 술집에 가다
- talk about our daily lives   일상의 일들을 이야기 나누다
- go to see a movie or go shopping   영화를 보러 가거나 쇼핑을 가다
- spend time with ~   ~와 시간을 보내다
- the best way to spend my time   내 시간을 보내는 최고의 방법

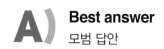 **Best answer**
모범 답안

주제/소개	만나는 목적과 시기 소개		I usually <u>hang out</u> with my friends or family members on weekends. 저는 주로 주말에 친구들이나 가족들을 만나 어울립니다.
답변 전개	만나서 하는 일	주로 하는 일	When I meet them, we usually <u>go to a restaurant or a bar</u>. 만났을 때, 저희는 주로 식당이나 술집에 갑니다.
			And we talk about our daily lives over drinks. 그리고 저희는 술을 마시면서 일상과 관련된 이야기들을 나눕니다.
		종종 하는 일	Sometimes we go to see a movie or go shopping. 가끔 저희는 영화를 보러 가거나 쇼핑을 갑니다.
		가끔 하는 일	And once in a while, we also go on a trip together. 그리고 가끔 한 번씩 저희는 함께 여행도 갑니다.
		느낌	It is pretty <u>fun and enjoyable</u>. 함께하는 여행은 꽤 재미있고 즐겁습니다.
	만남과 활동에 대한 개인적 생각		I think this is the best way to spend my time. 제 생각에는 이것이 시간을 보내는 최고의 방법인 것 같습니다.
마무리			Anyway, that's all I can think of about what I usually do with my friends and family. Thanks. 이 정도가 제가 친구나 가족들과 하는 일들에 대해 생각나는 전부입니다. 감사합니다.

SENTENCES 답변 핵심 문장

1. 저는 주로 ~을 합니다. → **I usually + 하는 일.**
   I usually hang out with my co-workers. 주로 동료들과 어울립니다.
   I usually spend time with my children. 주로 저의 아이들과 시간을 보냅니다.
   I usually visit my parents' house. 주로 부모님 집에 방문합니다.

2. 그들을 만났을 때, 우리는 주로 ~을 합니다. → **When I meet them, we usually + 하는 일.**
   When I meet them, we usually go to see a movie. 그들을 만났을 때, 저희는 주로 영화를 보러 갑니다.
   When I meet them, we usually talk about lots of things. 그들을 만났을 때, 저희는 주로 많은 것들에 대해 이야기합니다.

3. 그것은 꽤 ~ 합니다. → **It is pretty 형용사 and 형용사.**
   It is pretty tiring and stressful. 그것은 꽤 피곤하고 스트레스를 줍니다.
   It is pretty exciting and interesting. 그것은 꽤 신나고 흥미롭습니다.

Unit 4 사는 곳

"사는 곳"은 설문지 주제이며 빈출도가 가장 높은 주제 중 하나입니다. Background Survey에서 현재 살고 있는 집의 형태를 고르는 답변을 바탕으로 관련된 문제들이 출제됩니다.

[빈출 문제] "사는 곳" 주제는 현재 살고 있는 집, 가장 좋아하는 방 그리고 집에 있는 특정한 가구 등을 묘사하는 질문들과 집에서 하는 일과 관련한 문제들이 주로 출제됩니다. 그리고 집에 문제가 있었던 경험, 혹은 집의 변화나 주거개선을 했던 경험들이 출제되며, 비교 문제로는 어릴 적 살았던 집과 지금의 살고 있는 집이 자주 출제됩니다.

사는 곳	집/묘사	현재 사는 곳과 가장 좋아하는 방
		방안에 있는 가구나 가전제품 묘사
		집에서 가장 좋아하는 방 묘사
	하는 일	집에서 가족들과 하는 일
		주중이나 주말에 집에서 하는 일
	비교/경험	어릴 적 살던 집과 지금 사는 집 비교
		집에 변화를 주었던 경험
		집에 문제가 있었던 경험
		집에 손님을 초대하여 파티 등을 한 경험

01 I'd like to know about where you live. Tell me about your favorite room in your house. What does it look like? Why do you like that room?

당신이 살고 있는 곳에 대해 알고 싶습니다. 집에서 가장 좋아하는 방에 대해 말해주세요. 어떻게 생겼나요? 왜 그 방을 좋아하나요?

02 Describe the house you lived in as a child. How was it different from the one you live in now? Give me all the details.

어렸을 때 살던 집을 묘사해주세요. 지금 사는 집과 어떻게 다른가요? 자세하게 말해주세요.

03 Tell me about any change that you made in your house. What kind of change have you made and why did you decide to make that change? Please tell me everything you had to do to make that change.

집에 주었던 변화에 대해 말해주세요. 어떤 종류의 변화를 주었고 왜 그런 변화를 주기로 결정하였나요? 변화를 주기위해 해야 했던 모든 것들을 말해주세요.

Describe the house you lived in as a child. How was it different from the one you live in now? Give me all the details.

어렸을 때 살던 집을 묘사해주세요. 지금 사는 집과 어떻게 다른가요? 자세하게 말해주세요.

질문 키워드	house / as a child / how / different from / one / live in now
답변 키워드	어릴 적 살던 집 묘사(describe the house ~ as child)와 지금 사는 집과의 차이점 비교(how ~ different from ~ one ~ live in now)를 묻는 질문이다. 답변은 두 집의 차이 정도(how ~ different from~) 언급한 후 어린 시절 집/차이점 묘사(house ~ as child)는 집 종류와 위치, 방 개수와 특정 장소 그리고 현재 집과 비교하여 답한다. 지금 사는 집/차이점 묘사(one ~ live in now)도 집 종류와 위치, 방 개수와 특정장소, 어릴 적 집과 비교로 답하고 두 집에 대한 개인적 생각과 마무리 문장으로 답변을 마무리하도록 한다. 주의할 점은, 과거형과 현재형 시제를 구분하여 정확하게 쓰는 것이다.

STORY TELLING 답변 연습

두 집의 차이 정도 언급		totally different	
어린 시절 집 / 차이점 묘사	집 종류와 위치	When I was a child, → in a house in countryside	
	방 개수와 특정 장소	4 bedrooms and a garden	
	현재 집과 비교	bigger and more peaceful	
지금 사는 집 / 차이점 묘사	집 종류와 위치	But now, → in an apartment in the city	
	방 개수와 특정 장소	3 bedrooms and a balcony	
	어릴 적 집과 비교	more convenient and comfortable	
두 집에 대한 개인적 생각		like my current apartment → a lot more	
마무리		about the differences ~	

EXPRESSIONS 답변 핵심 표현

* totally different   완전히 다른
* live in a house   주택에 살다
* in the countryside   시골에
* 4 bedrooms and a garden   방 4개와 정원
* bigger and more peaceful   더 크고 평화로운

* live in an apartment   아파트에 살다
* in the city   도시에
* 3 bedrooms and a balcony   방 3개와 발코니
* more convenient and comfortable   더 편리하고 편안한

A) Best answer
모범 답안

주제/소개	두 집의 차이 정도 언급		I think they are <u>totally different</u>. 제 생각에는 두 집이 완전히 다르다고 생각합니다.
답변 전개	어린 시절 집 / 차이점 묘사	**집 종류와 위치**	When I was a child, I lived in a house in the countryside. 저는 어렸을 때, 시골에 위치한 집에 살았습니다.
		방 개수와 특정 장소	It had <u>4 bedrooms and a garden</u>. 그 집에는 4개의 방과 1개의 정원이 있었습니다.
		현재 집과 비교	And it was a lot <u>bigger and more peaceful</u>. 그리고 그 집은 훨씬 더 크고 평화로웠습니다.
	지금 사는 집 / 차이점 묘사	**집 종류와 위치**	But now, I live in an apartment in the city. 그러나 지금 저는 도시에 위치한 아파트에 살고 있습니다.
		방 개수와 특정 장소	It has 3 bedrooms and a balcony. 이 아파트에는 3개의 방과 1개의 발코니가 있습니다.
		어릴 적 집과 비교	And it is a lot more convenient and comfortable. 그리고 이 아파트는 훨씬 더 편리하고 편안합니다.
	두 집에 대한 개인적 생각		So, I think I like my current apartment a lot more. 그래서 제 생각에 저는 지금의 아파트를 훨씬 더 좋아하는 것 같습니다.
마무리			Anyway, that's all I can think of about the differences between my houses. Thanks. 이 정도가 두 집의 차이에 대해 생각나는 전부입니다. 감사합니다.

SENTENCES 답변 핵심 문장

① **두 집의 차이는 ~입니다. → They are + 차이 정도.**
They are totally the same. 두 집은 거의 똑같습니다.
They are not that different. 두 집은 그렇게 다르지 않습니다.
They are very similar in many different ways. 두 집은 여러 면에서 매우 비슷합니다.
cf. The house I lived in as a child was totally different from my house now.
제가 어렸을 때 살던 집은, 제가 지금 사는 집과 완전히 다릅니다.

② **그곳은 ~를 가지고 있었습니다. → It had + 있던 장소.**
It had 2 bathrooms. 그곳엔 두 개의 화장실이 있었습니다.
It had an elevator. 그곳엔 엘리베이터가 있었습니다.
It had a parking lot. 그곳엔 주차장이 있었습니다.

③ **훨씬 더 ~했습니다. → It was a lot + 다른 점 (비교급 형용사).**
It was a lot smaller. 그곳은 훨씬 더 작았습니다.
It was a lot quieter. 그곳은 훨씬 더 조용했습니다.
It was a lot less comfortable. 그곳은 훨씬 덜 편했습니다.

Unit 5 동네와 이웃

"동네와 이웃"은 "사는 곳"과 마찬가지로 Background Survey에서 현재 살고 있는 집의 형태를 고르는 답변을 바탕으로 관련된 문제들이 출제됩니다.

> **[빈출 문제]** "동네와 이웃" 주제는 MAP에서 보는 것처럼, 동네와 이웃 중 장소와 관련된 문제들이 더 많이 출제되고 있습니다. 살고 있는 동네 묘사, 동네에서 할 수 있는 활동, 동네에서 만날 수 있는 이웃과의 친해진 계기, 그리고 이웃 한 명의 묘사 등과 더불어 어릴 적과 현재 살고 있는 동네의 비교 문제가 주로 출제됩니다.

동네/이웃	경험	동네에서 겪은 기억에 남는 경험
		현재 살고 있는 동네 묘사
		어렸을 때 살던 동네와 현재 사는 동네 비교
		최근에 동네에서 있었던 변화 또는 이슈
	활동	동네에서 즐겨하는 활동
		이웃과 한 최초(최근) 활동
	기억	어렸을 때 동네 기억
		어렸을 때 이웃에 대한 기억
		이웃과 친해지게 된 계기
	인물	나의 이웃 중 한 명 묘사

01 I would like to know about your neighborhood. What is your neighborhood like? Where is it located? What is there near your house? Please describe your neighborhood in as much detail as possible.

당신의 동네에 대해 알고 싶습니다. 당신의 동네는 어떻게 생겼나요? 어디에 위치해 있나요? 집 근처에는 무엇이 있나요? 가능한 자세히 묘사해주세요.

02 Describe one of your neighbors in detail. How did you first become acquainted with him or her? What do you usually do together?

당신의 이웃 중 한 명을 자세히 묘사해주세요. 어떻게 처음 알게 되었나요? 주로 함께 무엇을 하나요?

03 Tell me about the most memorable event that happened in your neighborhood. When and where did it happen? What made it so memorable? Please describe it in detail.

동네에서 있었던 기억에 남는 이벤트에 대해 말해주세요. 언제, 어디에서 일어났나요? 왜 기억에 남나요? 자세히 묘사해주세요.

기억에 남는 동네 이벤트

Q) Tell me about the most memorable event that happened in your neighborhood. When and where did it happen? What made it so memorable? Please describe it in detail.

동네에서 있었던 기억에 남는 이벤트에 대해 말해주세요. 언제, 어디에서 일어났나요? 왜 기억에 남나요? 자세히 묘사해주세요.

질문 키워드	Most memorable event / neighborhood / when / where / what / memorable
답변 키워드	가장 기억에 남는 동네 이벤트(most memorable event ~ in your neighborhood)를 묻는 질문이다. 답변은 기억에 남는 이벤트 소개(memorable event)로 이벤트 종류와 시기(when), 열린 장소(where), 같이 간 사람과 방문 목적으로 답한다. 그리고 이벤트 묘사로 장소 묘사, 가서 한 일을 답하고 기억에 남는 이유(what ~ memorable)와 마무리 문장으로 답변을 마무리하도록 한다.

STORY TELLING 답변 연습

기억에 남는 동네 이벤트 소개	종류와 시기	last spring, → cherry blossom festival → in my neighborhood
	열린 장소	held in the park
	같이 간 사람과 방문 목적	my friend and I → to enjoy it
이벤트 묘사	장소 묘사	lots of cherry blossom trees
		beautiful and awesome
	한 일	walked along under the trees
		took a lot of pictures
		had some snacks
기억에 남는 이유		had a great time
		That's why ~ → memorable
마무리		about the most memorable event in my neighborhood

EXPRESSIONS 답변 핵심 표현

* last spring — 지난봄
* cherry blossom festival — 벚꽃축제
* be held in ~ — ~에서 열리다
* go there to enjoy — 즐기러 그곳에 가다
* beautiful and awesome — 아름답고 멋진

* walk along — ~을 따라 걷다
* take a lot of pictures — 많은 사진을 찍다
* have some snacks — 간단한 음식을 먹다
* have a great time — 좋은 시간을 보내다
* the most memorable event — 가장 기억에 남는 이벤트

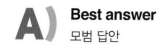

A) Best answer
모범 답안

주제/소개	기억에 남는 동네 이벤트 소개	종류와 시기	Last <u>spring</u>, there was <u>a cherry blossom festival in my neighborhood</u>. 지난봄에 저희 동네에서 벚꽃축제가 있었습니다.
		열린 장소	It was held in <u>the park</u>. 축제는 공원에서 열렸습니다.
		같이 간 사람과 방문 목적	My friend and I went there to enjoy it. 저의 친구와 저는 축제를 즐기러 그곳에 갔습니다.
답변 전개	이벤트 묘사	장소 묘사	There were lots of cherry blossom trees. 그곳에는 많은 벚꽃나무들이 있었습니다.
			And it was so beautiful and awesome. 그것은 너무나 아름답고 멋졌습니다.
		한 일	We walked along under the trees. 저희는 벚꽃나무들 아래를 따라 걸었습니다.
			And we took a lot of pictures there. 그리고 저희는 거기서 많은 사진을 찍었습니다.
			And then, we had some snacks from the food truck. 그러고 나서, 저희는 푸드트럭의 음식도 먹었습니다.
	기억에 남는 이유		We had a <u>great</u> time there. 저희는 그곳에서 정말 즐거운 시간을 보냈습니다.
			That's why it was very memorable. 그래서 정말 기억에 남습니다.
마무리			Anyway, that's all I can remember about the most memorable event in my neighborhood. Thanks. 이 정도가 저희 동네에서 있었던 가장 기억에 남는 이벤트에 대해 기억나는 전부입니다. 감사합니다.

SENTENCES 답변 핵심 문장

① 지난 ~에, ~에서 (행사)가 있었습니다. → **Last + 시기, there was + 행사 명 + 장소.**
  Last year, there was an outdoor market in town. 작년에 저희 동네에서 야외 시장이 열렸었습니다.
  cf. 지난주에 저는 크리스마스 파티에 갔습니다. Last weekend, I went to a Christmas party.

② 그것은 ~에서 열렸다. → **It was held in + 장소.**
  It was held in the art museum downtown. 그것은 시내 미술관에서 열렸습니다.
  It was held at the community center in my neighborhood. 그것은 저희 동네 주민센터에서 열렸습니다.

③ 저희는 그곳에서 ~한 시간을 보냈습니다. → **We had a + 형용사 time there.**
  We had a wonderful time there. 저희는 그곳에서 정말 멋진 시간을 보냈습니다.
  We had a good time there. 저희는 그곳에서 정말 좋은 시간을 보냈습니다.

Unit 6 영화

"영화보기"는 자주 출제되는 선택주제 중 하나입니다. Background Survey에서 여가 활동 중 하나로 선택되며 관련된 문제들이 출제됩니다.

> **[빈출 문제]** "영화" 주제는 질문의 유형이 매우 다양합니다. 좋아하는 영화 장르, 영화배우, 자주 가는 영화관묘사, 영화 보기 전과 후의 활동 그리고 최근의 영화를 본 경험이나 기억에 남는 영화 묘사 등이 자주 출제됩니다. 영화 작품들의 과거와 현재 비교 문제와 영화 산업과 관련한 최근 이슈 등도 2콤보로 자주 출제되고 있습니다.

영화	성향	영화 취향이 변한 계기
		좋아하는 배우와 그 이유
		좋아하는 영화 장르와 그 이유
	경험	자주 가는 영화관과 그 이유
		영화보기 전, 후에 하는 일
		기억에 남는 영화
		최근에 본 영화
	소식	좋아하는 배우의 최근 소식
		영화 산업과 관련한 최근 이슈

01 In your background survey, you indicated that you like to watch movies. What kind of movie do you like the best and why?

배경 설문에서, 당신은 영화 보기를 좋아한다고 했습니다. 어떤 종류의 영화를 좋아하나요? 왜 좋아하나요?

02 Tell me about a movie theater you went to recently. When was it? Who did you go there with? What did you do before and after the movie? Please describe in detail.

최근에 간 영화관에 대해 말해주세요. 언제였나요? 누구와 그곳에 갔나요? 영화를 보기 전과 본 후에 무엇을 하였나요? 자세하게 말해주세요.

03 Please tell me about the most memorable movie you have watched. What is it about? Who is in it? Why is it so special?

가장 기억에 남는 영화에 대해 말해주세요. 어떤 영화인가요? 누가 나오나요? 왜 그 영화가 특별한가요?

가장 기억에 남는 영화

IM-Unit06.mp3

Q) Please tell me about the most memorable movie you have watched. What is it about? Who is in it? Why is it so special?

가장 기억에 남는 영화에 대해 말해주세요. 어떤 영화인가요? 누가 나오나요? 왜 그 영화가 특별한가요?

질문 키워드	the most memorable movie / what / about / who / in / why / special
답변 키워드	가장 기억에 남는 영화(the most memorable movie)에 대해서 묻는 질문이다. 답변은 내가 본(you ~ watched) 가장 기억에 남는 영화 소개(the most memorable movie)로 영화 이름과 영화를 본 시기와 결과를 답하고 영화 묘사로 출연 배우(who ~ in)와 영화 내용(what ~ about)을 답하고 이 영화가 특별한 이유(why ~ special)와 마무리 문장으로 답변을 마무리하도록 한다. 주의할 점은, 영화 내용 묘사는 현재형으로 답변하는 것이다.

STORY TELLING 답변 연습

기억에 남는 영화 소개	영화 이름	Mission Impossible → the most memorable movie	✎
	영화를 본 시기	watched → when I was in university	✎
	결과	became a big fan of it	✎
영화 묘사	출연 배우	stars → Tom Cruise	✎
	영화 내용	about spies and bad people	✎
		the good spies → save the world	✎
		And in the end, → succeed in their mission	✎
		the twists → great	✎
이 영화가 특별한 이유		special → best movie I have ever seen	✎
마무리		about a memorable movie ~	✎

EXPRESSIONS 답변 핵심 표현

- the most memorable movie   가장 기억에 남는 영화
- watch   ~(영화)를 보다
- when I was in university   내가 대학에 다닐 때
- become a big fan of it   그것의 열혈 팬이 되다
- star   주연을 맡다

- spies and bad people   스파이와 악당들
- save the world   세계를 구하다
- succeed   성공하다
- twist   반전, 예상 밖의 전개
- special   특별한

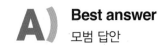

A) Best answer
모범 답안

주제/소개	가장 기억에 남는 영화 소개	영화 이름	*Mission Impossible* is the most memorable movie I have watched. 미션 임파서블은 제가 본 영화 중에 가장 기억에 남는 영화입니다.
		영화를 본 시기	I watched it when I was in university. 저는 대학생 때 그 영화를 보았습니다.
		결과	And I became a big fan of it. 그리고 저는 열혈 팬이 되었습니다.
답변 전개	영화 묘사	출연 배우	It stars <u>Tom Cruise</u>. 영화의 주연은 Tom Cruise입니다.
		영화 내용	And it is about <u>spies and bad people</u>. 그리고 이 영화는 악당들과 스파이들에 관한 영화입니다.
			The good spies always try to save the world. 착한 스파이들은 항상 세계를 위험에서 구하려고 노력합니다.
			And in the end, they succeed in their missions. 그리고 마침내, 그들은 그들의 임무를 성공합니다.
			On top of that, the twists in the movie are really great. 그뿐만 아니라, 영화의 반전들은 정말 대단합니다.
	이 영화가 특별한 이유		It is really special. Because <u>it is the best movie I have ever seen</u>. 이 영화는 정말 특별했습니다. 왜냐면 제가 본 영화 중에 최고이기 때문입니다.
마무리			Anyway, that is all I can remember about the most memorable movie I have watched. Thanks. 이 정도가 제가 본 영화 중 가장 기억에 남는 영화에 대해 기억나는 전부입니다. 감사합니다.

SENTENCES 답변 핵심 문장

① ~은 제가 본 영화 중에 가장 기억에 남는 영화입니다. → **영화 이름 is the most memorable movie I have watched.**
Parasite is the most memorable movie I have watched. 기생충은 제가 본 영화 중에 가장 기억에 남는 영화입니다.

② 그것은 ~가 주연입니다, 출현합니다. → **It stars + 배우 이름.**
It stars 송강호. 송강호가 주연을 맡았습니다.
It is directed by 봉준호. 봉준호가 감독했습니다.
cf. ~가 감독입니다 It is directed by <u>+ 영화감독</u>

③ 그것은 ~에 관한 것이었습니다. → **It was about + 영화 내용.**
It was about <u>a poor family</u>. 가난한 가족
+ a lovely couple 사랑스러운 연인 / a wizard school and magic 마법 학교와 마법 / gambling 도박

④ 그것은 정말 특별합니다. 왜냐하면 ~이기 때문입니다. → **It is really special. Because + 특별한 이유.**
It is really special. Because it is very memorable to me.
그것은 정말 특별합니다. 왜냐면 저에게 매우 기억에 남기 때문입니다.

Unit 7 공연/콘서트

"공연 보기", "콘서트 보기"는 선택주제 중 하나입니다. Background Survey에서 여가활동 중 하나로 선택되며 관련된 문제들이 출제됩니다. 공연과 콘서트는 문제와 답변의 공통점이 매우 많은 주제입니다. 따라서 Background Survey에서 두 주제를 동시에 선택하여도, 두 질문 세트가 동시에 나오는 경우는 없으므로, 두 주제를 동시에 선택하는 것이 전략이기도 합니다.

[빈출 문제] "공연 보기", "콘서트 보기" 주제는 좋아하는 공연/콘서트 종류와 그 이유, 자주 가는 공연장 묘사, 최근 관람한 콘서트/공연 묘사, 최근 관람했던 경험 문제와 관람에 가지 못했던 경험 등이 자주 출제됩니다.

공연/콘서트	성향	좋아하는 공연/콘서트 종류와 그 이유
		공연/콘서트를 좋아하게 된 계기
	경험	최근 공연/콘서트 관람한 경험
		기억에 남는 공연/콘서트 관람 경험
		공연/콘서트 관람에 가지 못했던 경험
		공연/콘서트 공연 전, 후에 하는 일
	장소	자주 가는 공연장 묘사
		선호하는 좌석의 종류와 형태

01 In your background survey, you indicated that you like to go to concerts. What kinds of concerts or performances do you like to go to see? Why do you like to go to see them? Please explain in detail.

배경 설문에서, 당신은 콘서트 가는 것을 좋아한다고 했습니다. 어떤 종류의 콘서트나 공연을 좋아하나요? 왜 좋아하나요? 자세히 설명해주세요.

02 Tell me about the concert venue that you like most. Where is it located? What does it look like? What do you like about it? Please describe it in as much detail as possible.

가장 좋아하는 콘서트장에 대해 말해주세요. 어디에 있습니까? 어떻게 생겼나요? 어떤 점이 좋습니까? 구체적으로 묘사해주세요.

03 Please tell me about a recent concert or performance you went to. Where was it held and who did you go with? How was it? Tell me about the concert in as much detail as possible.

최근 갔었던 콘서트나 공연에 대해 말해주세요. 어디에서 했나요? 누구와 갔나요? 공연은 어땠나요? 그 콘서트에 대해 가능한 자세히 말해주세요.

좋아하는 공연이나 콘서트 종류

IM-Unit07.mp3

Q) In your background survey, you indicated that you like to go to concerts. What kinds of concerts or performances do you like to go to see? Why do you like to go to see them? Please explain in detail.

배경 설문에서, 당신은 콘서트 가는 것을 좋아한다고 했습니다. 어떤 종류의 콘서트나 공연을 좋아하나요? 왜 좋아하나요? 자세히 설명해주세요.

질문 키워드	what kinds of concerts or performances / like / go to see / why / like
답변 키워드	좋아하는 공연이나 콘서트 종류(what kinds of concerts or performances ~like)를 묻는 질문이다. 답변은 공연장에서 관람하기(go to see) 좋아하는 공연 종류 소개(what kinds of concerts or performances ~like)로 장르와 이유를 답하고 그 공연들의 관람을 좋아하는 이유(why ~ like ~ go to see)와 공연 관람에 대한 개인적 생각과 마무리 문장으로 답변을 마무리하도록 한다. 주의할 점은 그냥 좋아하는 공연 종류가 아닌 직접 공연장에 가서 보기(go to see)를 좋아하는 공연 종류로 답해야 한다.

STORY TELLING 답변 연습

공연장에서 관람하기 좋아하는 공연 종류 소개	종류	like to go to see → K-pop concerts the most	
	이유	my favorite kind of music	
관람을 좋아하는 이유	이유 1	When I go to K-pop concerts, → sing and dance along	
	이유 2	exciting to see singers → in person	
	이유 3	take pictures with them → after the show	
공연 관람에 대한 개인적 생각		a lot more fun to see → a live performance	
		That's why → like to go to K-pop concerts	
마무리		about the kinds of concerts	

EXPRESSIONS 답변 핵심 표현

- like to go to see ~을 보러 가는 것을 좋아하다
- my favorite kind of music 가장 좋아하는 종류의 음악
- sing and dance along 노래와 춤을 따라 하다
- exciting to see singers 가수들을 보는 흥미진진함

- in person 직접
- take pictures with ~ ~와 사진을 찍다
- more fun 더 재미난
- see a live performance 라이브 공연을 보다

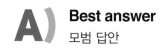

A) Best answer
모범 답안

주제/소개	공연장에서 관람하기 좋아하는 공연 종류 소개	종류	I like to go to see <u>K-pop concerts</u> the most. 저는 케이팝 콘서트 보러 가는 것을 가장 좋아합니다.
		이유	Because <u>K-pop is my favorite kind of music</u>. 왜냐하면 케이팝은 제가 좋아하는 종류의 음악이기 때문입니다.
답변 전개	관람을 좋아하는 이유	이유1	When I go to K-pop concerts, I can <u>sing and dance along</u>. 저는 케이팝(K-pop) 콘서트에 가면 노래도 따라 부르고 춤도 같이 출 수 있습니다.
		이유2	And also, it is very exciting to <u>see singers in person</u>. 그리고 또한, 가수들을 직접 보는 일은 굉장히 신나는 일입니다.
		이유3	On top of that, I can take pictures with them after the show. 그뿐만 아니라, 공연이 끝난 뒤에는 가수들과 사진을 찍을 수 있습니다.
	공연 관람에 대한 개인적 생각		I think it is a lot more fun to see a live performance. 제 생각에는 라이브 공연을 보는 것은 훨씬 더 재미있습니다. That's why I like to go to K-pop concerts. 그래서 저는 케이팝 콘서트 가는 것을 좋아합니다
마무리			Anyway, that's all I can think of about the kinds of concerts I like to go to see. Thanks. 이 정도가 제가 좋아하는 콘서트에 대해 생각나는 전부입니다. 감사합니다.

SENTENCES 답변 핵심 문장

1. 저는 ~을 보러 가는 것을 가장 좋아합니다. → **I like to go to see + 가장 좋아하는 공연/콘서트 종류 the most.**
   I like to go to see musicals the most. 저는 뮤지컬 보러 가는 것을 가장 좋아합니다.

2. 저는 케이팝 콘서트에 가면 ~를 할 수 있습니다. → **When I go to K-pop concerts, I can + 할 수 있는 일.**
   When I go to K-pop concerts, I can enjoy music with lots of people.
   저는 케이팝 콘서트에 가면 많은 사람들과 음악을 즐길 수 있습니다.

3. ~은 굉장히 신납니다. → **It is very exciting to + 신나는 일.**
   It is exciting to get autographs. 사인을 받는 것은 굉장히 신나는 일입니다.

Unit 8 음악 감상

"음악 감상하기"는 자주 출제되는 선택주제 중 하나입니다. Background Survey에서 여가 활동 중 하나로 선택되며 관련된 문제들이 출제됩니다.

[빈출 문제] "음악 감상하기" 주제는 좋아하는 음악 장르와 가수, 음악을 듣는 때와 장소 및 기기, 음악 감상을 좋아하게 된 계기와 취향의 변화 및 라이브 음악을 들었던 경험 등이 자주 출제됩니다. 또한 두 개의 음악 장르의 비교 혹은 두 명의 가수 비교 문제와 함께 사람들이 관심 갖는 음악 듣는 장비 문제도 2콤보로 자주 출제되고 있습니다.

음악 감상	인물	두 개의 음악 장르, 또는 두 명의 가수 비교
		좋아하는 음악 장르의 가수
	경험	라이브 음악을 들었던 경험
		좋아하는 노래와 그 노래와 관련한 추억
		음악 감상 중 겪은 경험
	성향	음악 취향의 변화
		음악감상을 좋아하게 된 계기
		음악 감상에 사용하는 기기
		음악 감상 성향

01 In your background survey, you indicated that you enjoy listening to music. What kind of music do you like? Who is your favorite singer or composer?

배경 설문에서 당신은 음악 감상을 좋아한다고 했습니다. 어떤 장르의 음악을 좋아하나요? 좋아하는 가수나 작곡가는 누구인가요?

02 When and where do you usually listen to music? What do you use to listen to music? Give me a description with lots of details.

당신은 주로 언제 어디에서 음악을 듣나요? 음악 감상을 할 때 무엇을 사용하나요? 자세히 말해주세요.

03 How did you first become interested in listening to music? What kind of music did you listen to when you were young? How has your taste in music changed over the years?

어떻게 처음 음악 감상에 관심을 가지게 되었나요? 어렸을 때는 어떤 종류의 음악을 들었나요? 음악의 취향은 어떻게 변했나요?

좋아하는 음악 장르와 가수/작곡가

IM-Unit08.mp3

Q) In your background survey, you indicated that you enjoy listening to music. What kind of music do you like? Who is your favorite singer or composer?

배경 설문에서 당신은 음악 감상을 좋아한다고 했습니다. 어떤 장르의 음악을 좋아하나요? 좋아하는 가수나 작곡가는 누구인가요?

질문 키워드	what kind of music / like / who / favorite singer or composer
답변 키워드	좋아하는 음악 장르(what kind of music ~ like)와 가장 좋아하는 가수/작곡가(favorite singer or composer)를 묻는 질문이다. 답변은 좋아하는 음악 장르(what kind of music ~ like)로 장르와 이유, 음악의 특징, 나에게 미치는 영향을 답한다. 가장 좋아하는 가수(favorite singer)는 가수 소개, 외모, 실력과 이 가수에 대한 개인적 생각으로 답하고 마무리 문장으로 답변을 마무리하도록 한다. 주의할 점은, 노래 제목이 아닌 음악 장르/종류로 답하는 것이다.

STORY TELLING 답변 연습

좋아하는 음악 장르	종류	like to listen to ~ → the most	
	이유	like the style	
	음악의 특징	very catchy and unique	
	나에게 미치는 영향	cheers me up → refills my energy	
좋아하는 가수	이름	my favorite singer → Jin from BTS	
	외모	cute and good looking	
	실력	sings and dances really well	
	이 가수에 대한 개인적 생각	the best singer and performer	
마무리		about my favorite music genre and singer	

EXPRESSIONS 답변 핵심 표현

- like to listen to ~   ~을 듣는 걸 좋아한다
- catchy and unique   중독성이 강하고 독특한
- cheer me up   나를 기운 나게 하다
- refills my energy   내 에너지를 채우다

- my favorite singer   내가 가장 좋아하는 가수
- sing and dance   노래하고 춤추다
- the best singer and performer   최고의 가수이자 공연가
- my favorite music genre   내가 가장 좋아하는 음악 장르

23

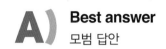

A) Best answer
모범 답안

주제/소개	좋아하는 음악 장르	장르	I like to listen to <u>Korean dance</u> music the most. 저는 한국 댄스 음악을 듣는 걸 제일 좋아합니다.
		이유	Because I really like the style. 왜냐하면 저는 굉장히 그 스타일을 좋아하기 때문입니다.
답변 전개		음악의 특징	It is very catchy and unique. 한국 댄스 음악들은 굉장히 중독성이 강하고 독특합니다.
		나에게 미치는 영향	On top of that, it <u>cheers</u> me <u>up and refills my energy</u>. 그뿐만 아니라, 힘도 나게 해주고 에너지도 채워줍니다.
	좋아하는 가수	가수 소개	And my favorite singer is <u>Jin</u> from <u>BTS</u>. 그리고 제가 가장 좋아하는 가수는 BTS의 '진'입니다.
		외모	He is very cute and good-looking. 그는 굉장히 귀엽고 잘 생겼습니다.
		실력	And also, he sings and dances really well. 그리고 또한, 그는 노래도 잘 부르고 춤도 잘 춥니다.
		이 가수에 대한 개인적 생각	I think he is the best singer and performer. 제 생각에 그는 최고의 가수이자 공연가입니다.
마무리			Anyway, that's all I can think of about my favorite music genre and singer. Thanks. 이 정도가 제가 가장 좋아하는 음악 장르와 가수에 대해 생각나는 전부입니다. 감사합니다.

SENTENCES 답변 핵심 문장

① 저는 ~음악 장르를 가장 좋아합니다. → **I like to listen to + 음악 장르/종류 the most.**

I like to listen to <u>classical music</u> the most. 저는 클래식 음악을 가장 좋아합니다.
+ 음악 장르 Hip-pop 힙합 / rock 록 / heavy metal 헤비메탈 / Pop song 팝송 / ballads 발라드 / dance music 댄스 음악 / trot 트로트 / Jazz 재즈 / R&B 리듬앤드블루스 / folk 포크송 /

② 그것은 나를 ~하게 합니다. → **It + 동사 me ~.**

It helps me to release my stress. 그것은 스트레스가 풀리게 저를 도와줍니다.
It makes me feel better. 그것은 제 기분이 나아지게 만듭니다.
It calms me down and relaxes me. 그것은 저를 진정시키고 긴장을 풀어줍니다.

③ 제가 가장 좋아하는 가수는 ~입니다. → **My favorite singer is + 가수 이름.**

My favorite singer is Adele. 제가 가장 좋아하는 가수는 아델입니다.
cf. 저는 ~을 가장 좋아합니다. → I like + 가수 이름 the best.

Unit 9 공원

"공원 가기"는 자주 출제되는 선택주제 중 하나입니다. Background Survey에서 여가 활동 중 하나로 선택되며 관련된 문제들이 출제됩니다.

[빈출 문제] "공원 가기" 주제는 자주 가는 공원 묘사, 공원에서 하는 활동, 최근에 공원에 간 경험, 그리고 공원에서 있었던 기억에 남는 경험과 처음 공원에 가게 된 계기 등이 자주 출제됩니다. 또한 공원에서 아이와 어른들의 활동과 시설 비교 문제, 공원과 관련한 이슈와 해결 방법 문제도 2콤보로 출제되고 있습니다.

공원	성향	자주가는 공원
		공원에 가는 빈도와 시기
		같이 가는 사람과 공원에서 사람들이 주로 하는 일
		공원에서 하는 활동
	경험	최근 공원에 간 경험
		공원에서 기억에 남는 경험
		공원에 처음 가게 된 계기
	비교/이슈	공원에서 아이와 어른들의 활동/시설 비교
		공원과 관련한 이슈와 해결 방법

01 You indicated in the survey that you like to go to parks. Tell me about a park that you often go to. Where is it located? What does it look like? Who do you usually go there with? What do people do there? Please describe it in detail.

당신은 설문에서 공원 가는 것을 좋아한다고 했습니다. 자주 가는 공원에 대해서 이야기해주세요. 어디에 위치해 있나요? 어떻게 생겼나요? 주로 누구와 함께 그곳에 가나요? 사람들은 거기서 무엇을 하나요? 자세히 묘사해주세요.

02 How did you start going to parks? What made you visit parks in the first place? Why do you go to parks now? How has your interest in going to parks changed over the years?

어떻게 공원에 가기 시작하셨나요? 무슨 일로 공원을 처음에 방문하게 되었나요? 지금은 왜 공원에 가시나요? 지난 몇 년 동안 공원에 가는 것에 대한 관심이 어떻게 바뀌었나요?

03 Tell me about a memorable incident that happened at the park. What happened and how did you deal with the situation? What made that incident so memorable? Please describe it in detail.

공원에서 있었던 기억에 남는 사건을 말해주세요. 어떤 일이 일어났고 어떻게 그 상황을 해결했나요? 왜 기억에 남나요? 자세히 묘사해주세요.

자주가는 공원

Q) You indicated in the survey that you like to go to parks. Tell me about a park that you often go to. Where is it located? What does it look like? Who do you usually go there with? What do people do there? Please describe it in detail.

당신은 설문에서 공원 가는 것을 좋아한다고 했습니다. 자주 가는 공원에 대해서 이야기해주세요. 어디에 위치해 있나요? 어떻게 생겼나요? 주로 누구와 함께 그곳에 가나요? 사람들은 거기서 무엇을 하나요? 자세히 묘사해주세요.

질문 키워드	park / often go / where / located / what / look like / who / with / what / people do
답변 키워드	자주 가는 공원 묘사(park ~ often go)와 그곳에서 사람들이 하는 일(what ~ people do)을 묻는 질문이다. 답변은 자주 가는 공원 소개(park ~ often go)로 장소, 같이 가는 사람(who ~ with), 위치(where ~ located)를 답하고 자주 가는 공원 묘사(what ~look like)는 공원에 있는 것들로 묘사한다. 그리고 거기서 사람들이 하는 일(what ~ people do)과 이 공원에 대한 개인적 생각을 이야기하고 마무리 문장으로 답변을 마무리하도록 한다.

STORY TELLING 답변 연습

자주 가는 공원 소개	장소, 같이 가는 사람	go to Han River Park → with my family or by myself
	위치	located downtown near my house
자주 가는 공원 묘사		lots of trees and benches
		a lot of exercise equipment
사람들이 하는 일		work out there → or play with their children
		just come → hang out with their friends and family
이 공원에 대한 개인적 생각		Han river park → peaceful and relaxing
마무리		about a park

EXPRESSIONS 답변 핵심 표현

- often go to Han River Park   종종 한강 공원에 가다
- with my family or by myself   가족과 함께 혹은 혼자서
- be located downtown near my house   나의 집 근처 시내에 위치한
- lots of trees and benches   많은 나무들과 벤치들
- a lot of exercise equipment   많은 운동 기구들

- work out there   거기서 운동을 하다
- play with their children   그들의 아이들과 놀다
- walk along the river   강을 따라 걷는다
- peaceful and relaxing   평화롭고 편안한

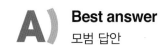

A) Best answer
모범 답안

주제/소개	자주 가는 공원 소개	장소, 같이 가는 사람	I often go to <u>Han River Park</u> with my family or by myself. 저는 종종 한강 공원에 가족과 가거나 혼자 갑니다.
		위치	The park is located <u>downtown near my house</u>. 공원은 집 근처 시내에 위치해 있습니다.
답변 전개	자주 가는 공원 묘사		There are lots of <u>trees and benches</u>. 그곳엔 많은 나무들과 벤치들이 있습니다.
			And also, you can see a lot of exercise equipment. 그리고 또한, 많은 운동 기구들도 볼 수 있습니다.
	사람들이 하는 일		<u>People work out</u> there or play with their children. 사람들은 거기서 운동을 하거나 그들의 아이들과 놉니다.
			And also, a lot of people just come and hang out with their friends and family. 그리고 또한, 많은 사람들은 그냥 와서 친구나 가족과 시간을 보냅니다.
	이 공원에 대한 개인적 생각		I think Han River Park is pretty peaceful and relaxing. 제 생각에 한강 공원은 꽤 평화롭고 편안한 것 같습니다.
마무리			Anyway, that's all I can think of about a park I often go to. Thanks. 이 정도가 제가 자주 가는 공원에 대해 생각나는 전부입니다. 감사합니다.

SENTENCES 답변 핵심 문장

1. 저는 종종 ~에 가족과 가거나 혼자 갑니다. → **I often go to + 공원 이름 with my family or by myself.**
   I often go to Lake park with my family or by myself. 저는 종종 호수 공원에 가족과 가거나 혼자 갑니다.

2. 공원은 ~에 위치해 있습니다. → **The park is located + 위치.**
   The park is located next to my apartment. 공원은 아파트 옆에 위치해 있습니다.

3. 그곳엔 많은 ~들이 있습니다. → **There are lots of + 있는 것.**
   There are lots of jogging paths and bike roads. 그곳엔 많은 조깅하는 길과 자전거 도로들이 있습니다.

3. 사람들은 거기서 ~을 합니다. → **People + 하는 일 there.**
   People take a rest there. 사람들은 거기서 휴식을 취합니다.
   People run there. 사람들은 거기서 달리기를 합니다.

Unit 10 조깅/걷기

"조깅하기"와 "걷기" 주제는 선택주제 중 하나입니다. Background Survey에서 즐겨 하는 운동 중 하나로 선택되며 관련된 문제들이 출제됩니다. 조깅과 걷기는 질문이 거의 비슷하게 출제되므로, 두 주제를 같이 선택하면 답안을 한 번에 준비할 수 있는 장점이 있으므로 두 주제를 동시에 선택하도록 합니다.

[빈출 문제] 조깅과 걷기 주제는 조깅/걷기를 하는 장소 묘사, 좋아하는 이유, 관심 갖게 된 계기와 관심의 변화 그리고 다쳤던 경험이나 기억에 남는 경험 문제가 자주 출제됩니다. 이 외에도 간혹 걷기의 장점과 주의할 점, 복장과 부상 방지에 대한 질문이 출제되기도 합니다.		

조깅/걷기	경험	조깅/걷기 중에 있었던 기억에 남는 경험
		조깅/걷기 중에 다친 경험
		최근의 조깅/걷기 경험
	기타	조깅/걷기를 좋아하는 이유
		조깅/걷기를 하는 장소
		조깅/걷기 할 때 복장
		조깅/걷기를 하기 위한 준비와 주의할 점
		조깅/걷기의 장단점
		조깅/걷기에 관심을 갖게 된 계기와 변화
		조깅과 다른 운동과 차이

01 Do you have a specific place you like to go jogging? Where is it located? Why do you like to go to this place? Please give me all the details about this place.

조깅을 하러 가는 특별한 장소가 있나요? 어디에 위치해 있나요? 왜 그 장소를 좋아하나요? 이 장소에 대해 자세히 말해주세요.

02 In your background survey, you indicated that you like to jog. What do you like about jogging? Why did you first become interested in it? How does jogging make you feel?

배경 설문에서 조깅하는 것을 좋아한다고 했습니다. 조깅의 어떤 점이 좋습니까? 왜 처음에 관심을 가지게 되었나요? 조깅은 어떤 기분이 들게 하나요?

03 Have you ever injured yourself while you were jogging? What do you consider when you go jogging? And what do you do to avoid injuries?

조깅을 하던 중 다친 적이 있나요? 조깅을 하러 갈 때 무엇을 고려하나요? 그리고 운동 중 부상을 피하기 위해 무엇을 하나요?

Have you ever injured yourself while you were jogging? What do you consider when you go jogging? And what do you do to avoid injuries?

조깅을 하던 중 다친 적이 있나요? 조깅을 하러 갈 때 무엇을 고려하나요? 그리고 운동 중 부상을 피하기 위해 무엇을 하나요?

질문 키워드	injured yourself / while / jogging / what / consider / what / do / avoid / injuries
답변 키워드	조깅 중 다친 경험(injured yourself while ~ jogging)과 부상 방지를 위해 하는 일(what ~ do~ avoid injuries)에 대해 묻는 질문이다. 답변은 조깅 중 부상 경험 유무 언급(have ~ injured yourself while ~ jogging)을 하고 부상 경험 소개로 시기, 부상 종류, 느낌으로 답한다. 그리고 부상 방지를 위해 하는 일(what ~ do~ avoid)로는 부상 방지를 위해 고려하는 점(what ~ consider)과 하는 일로 답하고 부상 방지 방법들에 대한 개인적 생각과 마무리 문장으로 답변을 마무리하도록 한다. 주의할 점은; 질문에 근거하여 경험 유무를 yes/no로 언급하는 것과 과거형과 현재형 시제를 구분하여 정확하게 사용하는 것이다.

STORY TELLING 답변 연습

조깅 중 부상 경험 유무 언급		Yes, → injured myself	
부상 경험 소개	**시기와 부상 종류**	Last year, → sprained my ankle	
	느낌	painful and stressful	
부상 방지를 위해 하는 일	**고려하는 점**	consider my safety → to avoid injuries	
	하는 일 1	stretch before and after jogging	
	하는 일 2	take breaks often to rest	
	하는 일 3	try to drink enough water	
부상 방지 방법들에 대한 개인적 생각		the best ways → avoid injuries	
마무리		about jogging safely	

EXPRESSIONS 답변 핵심 표현

- injure myself — 다치다
- sprain my ankle — 나의 발목을 삐다
- avoid injuries — 부상 방지
- consider my safety — 안전을 고려하다
- painful and stressful — 고통스럽고 스트레스가 많은
- stretch before and after jogging — 조깅 전후에 스트레칭을 하다
- take breaks often to rest — 자주 휴식을 취하다
- try to drink enough water — 충분한 물을 마시려 노력하다
- the best ways to avoid injuries — 부상을 방지하는 최고의 방법

29

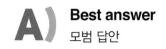 **Best answer**
모범 답안

주제/소개	조깅 중 부상 경험 유무 언급		Actually, yes, I have injured myself. 네, 저는 조깅 중 다친 경험이 있습니다.
답변 전개	부상 경험 소개	시기와 부상 종류	Last year, I <u>sprained my ankle</u> while I was jogging. 작년에 저는 조깅 도중 발목을 삐었습니다.
		느낌	It was pretty painful and stressful. 그것은 꽤 고통스럽고 스트레스가 많았습니다.
	부상 방지를 위해 하는 일	고려하는 점	Since then, I always consider <u>my safety</u> to avoid injuries. 그 이후로, 저는 항상 부상을 피하고자 안전을 고려합니다.
		하는 일 1	I usually <u>stretch before and after jogging</u>. 저는 주로 조깅 전후에 스트레칭을 합니다.
		하는 일 2	And also, I take breaks often to rest. 그리고 또한, 저는 자주 휴식을 취합니다.
		하는 일 3	Plus, I try to drink enough water. 게다가 저는 충분한 물을 마시려 노력합니다.
	부상 방지 방법들에 대한 개인적 생각		I think these are the best ways to avoid injuries when jogging. 제 생각에는 이런 것들이 조깅할 때 부상을 방지하는 가장 좋은 방법들입니다.
마무리			Anyway, that's all I can think of about jogging safely. Thanks. 이 정도가 제가 안전하게 조깅을 하는 것에 대해 생각나는 전부입니다. 감사합니다.

SENTENCES **답변 핵심 문장**

① 작년에 저는 조깅 도중 ~ 했습니다. → **Last year, I + 부상 종류 while I was jogging.**
  Last year, I pulled a muscle while I was jogging. 작년에 저는 조깅 도중 근육이 늘어났습니다.

② 저는 항상 부상을 피하고자 ~을 고려합니다. → **I always consider + 고려하는 점 to avoid injuries.**
  I always consider my condition to avoid injuries. 저는 항상 부상을 피하고자 저의 컨디션을 고려합니다.

③ (부상 방지를 위해) 저는 주로 ~을 합니다. → **I usually + 하는 일.**
  I usually warm up before jogging. 저는 주로 준비운동을 합니다.
  I usually wear proper running shoes. 저는 주로 적절한 러닝 운동화를 신습니다.

Unit 11 해변

"해변가기"는 자주 출제되는 선택주제 중 하나입니다. Background Survey에서 여가 활동 중 하나로 선택되며 관련된 문제들이 출제됩니다. 해변가기와 국내 여행은 출제되는 질문과 답변 내용의 공통점이 많으므로 두 주제를 동시에 선택하도록 합니다.

[빈출 문제] "해변가기" 주제는 좋아하는 해변 묘사, 해변에서 하는 활동, 최근에 해변에 간 경험이나 기억에 남는 경험 등이 자주 출제됩니다. 이 외에도 간혹 해변에 있는 사람들의 활동이나 묘사에 대한 질문이 출제되기도 합니다.		
해변	장소	좋아하는 해변
		기억에 남는 해변
		해변에 있는 사람들
	물건	해변 갈 때 가지고 가는 것
	경험	최근 해변에 간 경험
		해변에서 겪은 기억에 남는 경험
		해변에서 주로 하는 활동

01 In your background survey, you indicated that you like to go to the beach. Tell me about your favorite beach in as much detail as possible. Why do you like it?

배경 설문에서 당신은 해변에 가는 것을 좋아한다고 했습니다. 가장 좋아하는 해변에 대해 자세히 말해주세요. 왜 그곳을 좋아하나요?

02 What do you usually do when you go to the beach? Tell me about everything you do from the moment you arrive there until you leave.

해변에 가면 주로 무엇을 하나요? 도착하는 순간부터 떠날 때까지 주로 하는 일을 모두 말해주세요.

03 Tell me about a memorable trip to the beach. Who were you with? Which beach were you at? What did you do there? What happened? Why was it so memorable to you?

기억에 남는 해변으로 간 여행에 대해 말해주세요. 누구와 함께 갔나요? 어느 해변이었습니까? 그곳에서 무엇을 했나요? 어떤 일이 있었나요? 왜 기억에 남나요?

IM-Unit11.mp3

기억에 남는 해변여행

Q) Tell me about a memorable trip to the beach. Who were you with? Which beach were you at? What did you do there? What happened? Why was it so memorable to you?

기억에 남는 해변으로 간 여행에 대해 말해주세요. 누구와 함께 갔나요? 어느 해변이었습니까? 그곳에서 무엇을 했나요? 어떤 일이 있었나요? 왜 기억에 남나요?

질문 키워드	memorable trip / beach / who / with / which beach / what / do / what happened / why / memorable
답변 키워드	기억에 남는 해변여행(memorable trip to the beach)에 대해서 묻는 질문이다. 답변은 기억에 남는 해변여행 소개로 시기, 장소(which beach), 같이 간 사람(who ~ with)으로 답하고 여행지에서 한 일 (what ~ do)과 느낌으로 답한다. 그리고 기억에 남는 일 묘사(why ~ memorable)로 일어난 일(what happened)과 결말을 답하고 이 여행이 기억에 남는 이유와 마무리 문장으로 답변을 마무리하도록 한다. 주의할 점은, 일의 시작부터 끝까지 순서대로 묘사하는 것과 과거형 시제를 사용하는 것이다.

STORY TELLING 답변 연습

기억에 남는 해변여행 소개	시기, 장소, 같이 간 사람	Last summer vacation, → went to a trip → Haeundae Beach with my family	✎
여행지에서 한 일	한 일 1	When we got there, → enjoyed → the beach all day long	✎
	한 일 2	went → a local seafood restaurant	✎
	느낌	The food → very fresh and good	✎
기억에 남는 일 묘사	일어난 일	But, all of a sudden, → got a stomachache	✎
		run to the bathroom immediately	✎
		had food poisoning	✎
	결말	So, in the end, → had to stay in the hotel the rest of the trip	✎
기억에 남는 이유		memorable trip	✎
		the worst trip I have ever had	✎
마무리		about a memorable trip to the beach	✎

EXPRESSIONS 답변 핵심 표현

- go on a trip to ~   ~로 여행을 가다
- enjoy the beach   해변을 즐기다
- local seafood restaurant   현지의 해산물식당
- fresh and good   신선하고 맛있는
- but, all of a sudden   그런데 갑자기

- stomachache   복통
- have food poisoning   식중독에 걸리다
- stay in the hotel   호텔에 머무르다
- the rest of the trip   남은 여행 기간
- the worst trip I have ever had   했던 여행중 최악의 여행

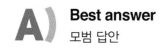

A) **Best answer**
모범 답안

주제/소개	기억에 남는 해변여행 소개	시기, 장소, 같이 간 사람	Last summer vacation, I went on a trip to <u>Haeundae Beach</u> with <u>my family</u>. 작년 여름휴가에, 저는 가족들과 함께 해운대로 여행을 갔습니다.
답변 전개	여행지에서 한 일	한 일 1	When we got there, we enjoyed <u>the beach all day long</u>. 저희가 그곳에 도착했을 때, 저희는 하루 종일 해변을 즐겼습니다.
		한 일 2	And then, we went to a local seafood restaurant. 그리고 나서 저희는 그 지역 해산물 식당에 갔습니다.
		느낌	The food was very fresh and good. 음식은 정말 신선하고 맛있었습니다.
	기억에 남는 일 묘사	일어난 일	But, all of a sudden, <u>I got a stomachache</u>. 그런데 갑자기, 배가 아프기 시작했습니다.
			So, I had to run to the bathroom immediately. 그리고 저는 즉시 화장실로 달려가야만 했습니다.
			The doctor said I had food poisoning. 의사 선생님께서는 제가 식중독에 걸렸다고 말씀하셨습니다.
		결말	So, in the end, I had to <u>stay in the hotel for the rest of the trip</u>. 그래서 결국, 저는 남은 여행 기간 동안 호텔에 머물러 있어야 했습니다.
	이 여행이 기억에 남는 이유		It was a really memorable trip. Because <u>it was the worst trip I have ever had</u>. 그것은 정말 기억에 남는 여행이었습니다. 왜냐하면 제가 했던 여행 중 최악의 여행이었기 때문입니다.
마무리			Anyway, that's all I can remember about a memorable trip to the beach. Thanks. 이 정도가 제가 기억에 남는 해변여행에 대해 기억나는 전부입니다. 감사합니다.

SENTENCES **답변 핵심 문장**

① 저는 ~로 ~와 함께 여행을 갔습니다. → **I went on a trip to + 장소 with + 같이 간 사람.**
cf. go와 함께 쓰이는 표현들 : go on a trip 여행을 가다 / go shopping 쇼핑을 가다 / go camping 캠핑을 가다 /
go fishing 낚시를 가다

② 그곳에 도착해서 저희는 ~을 즐겼습니다. → **When we got there, we enjoyed + 한 일 (명사/동명사).**
When we got there, we enjoyed the beach / local food / the scenery / walking along the beach
그곳에 도착해서 저희는 해변을/현지 음식을/경치를/해변을 따라 걷기를 즐겼습니다.

③ 그런데 갑자기, ~했습니다. → **But, all of a sudden, + 갑자기 일어난 일.**
But, all of a sudden, my tummy was upset/I got a bad headache/I started to feel like throwing up.
그런데 갑자기 배가 아팠습니다/심각한 두통이 일어났습니다/토할 것 같은 느낌이 시작되었습니다.
cf. 저는 ~을 먹었습니다 / ~가 아팠습니다 → I got + (음식/아픈 병)명사
+ fresh seafood 신선한 해산물 / some local drinks 현지 술 / a stomachache 복통 / food poisoning 식중독

④ 그래서 결국, 저는 ~해야만 했습니다. → **So, in the end, I had to + 해야만 했던 일.**
So, in the end, I had to be hospitalized. 그래서 결국엔 입원을 해야만 했습니다.

⑤ 그 여행은 정말 기억에 남는 여행이었습니다. 왜냐하면 ~이기 때문입니다.
→ **It was a really memorable trip. Because + 이유 (주어+동사).**
It was a really memorable trip. Because I was sick the whole time.
그 여행은 정말 기억에 남는 여행이었습니다. 왜냐하면 여행내내 아팠기 때문입니다.

Unit 12 국내/해외 여행

"국내 여행, 해외 여행"은 선택주제 중 하나입니다. Background Survey에서 휴가나 출장을 다녀온 경험에 대한 질문으로 선택되며 관련된 문제들이 출제됩니다.

> **[빈출 문제]** "국내 여행" 주제는 좋아하는 국내여행 장소 묘사, 어릴 적 여행 경험, 기억에 남는 국내 여행 경험 등이 자주 출제됩니다. "해외 여행" 주제는 우리나라 사람들이 주로 가는 해외여행지, 가본 해외여행지의 국가와 도시 그리고 현지인 묘사, 우리나라 사람들이 해외여행지에서 주로 하는 일, 기억에 남는 해외여행 경험 등이 자주 출제됩니다. 또한 지난 5년간 여행이 더 어려워진 이유 문제와 여행 관련 사람들이 갖고 있는 걱정 문제가 2콤보로 출제되고 있습니다.

국내/해외 여행	장소	좋아하는 국내여행 장소 묘사
		우리나라 사람들이 주로 가는 해외 여행지
	경험	어렸을 때의 국내/해외 여행 경험
		기억에 남는 국내/해외 여행 경험
		최근 국내/해외 여행 경험
		처음 국내/해외 여행을 갔던 경험
		방문했던 해외 여행지 국가와 도시, 현지인 묘사
	활동	우리나라 사람들이 해외 여행지에서 하는 일
		국내/해외 여행가서 주로 하는 일
	기타	사람들이 국내/해외 여행을 좋아하는 이유
		여행가기 전 챙기는 물건
		여행을 계획하면서 겪는 어려움
		지난 5년간 여행이 더 어려워진 이유
		여행과 관련해서 사람들이 가지고 있는 걱정

01 In your background survey, you indicated that you take trips domestically. Tell me about your favorite place and why you like to go there.

배경 설문에서, 당신은 국내 여행을 한다고 했습니다. 여행하기 좋아하는 장소와 그 장소를 좋아하는 이유를 말해주세요.

02 Tell me about some of the trips you took in your youth. Where did you go? Who were you with? What did you do or see? Talk about it from beginning to end.

어렸을 때 간 여행에 대해 말해주세요. 어디로 갔나요? 누구와 함께 갔나요? 무엇을 하고, 무엇을 봤나요? 처음부터 끝까지 일어난 일을 말해주세요.

03 Tell me about one unforgettable experience you have had while traveling. Describe that trip and tell me why it was unforgettable. Give me a description with lots of details.

여행 중에 겪은 잊지 못할 경험에 대해 말해주세요. 그 여행을 묘사해주세요. 그리고 잊지 못하는 이유를 말해주세요. 자세히 묘사해주세요.

어릴 적 갔던 여행

Q) Tell me about some of the trips you took in your youth. Where did you go? Who were you with? What did you do or see? Talk about it from beginning to end.

어렸을 때 간 여행에 대해 말해주세요. 어디로 갔나요? 누구와 함께 갔나요? 무엇을 하고, 무엇을 봤나요? 처음부터 끝까지 일어난 일을 말해주세요.

질문 키워드	trip / youth / where / go / who / with / what / do or see / beginning / end
답변 키워드	어린 시절에 갔던 여행(trip in your youth)에 대해 묻는 질문이다. 어릴 적 여행 소개로 시기와 장소(where), 같이 간 사람(who ~ with)을 답한다. 본 것 묘사(what ~ see) 와 느낌을 답하고 한 일 묘사 (what ~ do or see)는 순서대로(beginning ~ end) 도착해서 한 일, 여행 중 한 일, 마지막 날 한 일로 답한다. 그리고 이 여행에 대한 개인적인 생각과 마무리 문장으로 답변을 마무리한다. 주의할 점은, 일의 시작부터 끝까지 순서대로 묘사하는 것과 과거형 시제를 사용하는 것이다.

STORY TELLING 답변 연습

어릴 적 여행 소개	시기와 장소, 같이 간 사람	When I was young, → went on a trip to Hawaii → with my family	✎
본 것 묘사	있는 것	lots of tropical plants and animals	✎
	느낌	very exotic and unique	✎
기억에 남는 일 묘사	도착해서 한 일	When we got there, → checked in at our hotel	✎
	여행 중 한 일	And during the trip, → went to the beach	✎
		swam in the ocean → played in the sand	✎
		had some food → local restaurants there	✎
	마지막 날 한 일	On the last day, → went shopping → for souvenirs for relatives	✎
이 여행에 대한 개인적인 생각		a great time on that trip	✎
마무리		about a trip I took in my youth	✎

EXPRESSIONS 답변 핵심 표현

- when I was young — 내가 어릴 때
- palm trees and tropical animals — 야자수와 열대 동물들
- exotic and unique — 이국적이고 독특한
- check in at hotel — 호텔에 체크인하다
- swim in the ocean — 바다에서 수영하다
- play in the sand — 모래사장에서 놀다
- have some food — 음식을 먹다
- at local restaurants — 현지식당
- go shopping for souvenirs — 기념품을 사기위해 쇼핑하다
- relatives — 친척들

A) Best answer
모범 답안

주제/소개	어릴 적 여행 소개	시기와 장소, 같이 간 사람	When I was young, I went on a trip to <u>Hawaii</u> with my <u>family</u>. 제가 어렸을 때 가족과 함께 하와이로 여행을 갔습니다.
답변 전개	본 것 묘사	본 것	There were lots of <u>tropical plants and animals</u>. 그곳엔 많은 야자수와 동물들이 있었습니다.
		느낌	It was very exotic and unique. 그곳은 굉장히 이국적이고 독특했습니다.
	한 일 묘사	도착해서 한 일	When we got there, we <u>checked in at our hotel</u>. 저희가 그곳에 도착했을 때, 저희는 호텔 체크인을 했습니다.
		여행 중 한 일	And during the trip, we <u>went to the beach</u>. 그리고 여행하는 동안, 저희는 해변에 갔습니다.
			We swam in the ocean and played in the sand. 저희는 바다에서 수영을 하고 모래사장에서 놀았습니다.
			And also, we had some food at local restaurants there. 그리고 또한, 저희는 거기 현지 식당에서 음식도 먹었습니다.
		마지막 날 한 일	On the last day, we <u>went shopping for souvenirs for relatives</u>. 마지막 날, 저희는 친척들을 위한 기념품을 사기위해 쇼핑을 갔습니다.
	이 여행에 대한 개인적인 생각		We had a such a great time on that trip. 저희는 그 여행에서 정말 즐거운 시간을 보냈습니다.
마무리			Anyway, that's all I can remember about a trip I took in my youth. Thanks. 이 정도가 제가 어린 시절 갔던 여행에 대해 생각나는 전부입니다. 감사합니다.

SENTENCES 답변 핵심 문장

1 제가 어렸을 때 ~와 함께 ~로 여행을 갔습니다. → **When I was young, I went on a trip to + 장소 with my + 같이 간 사람.**
When I was young, I went on a trip to Japan with my cousin. 제가 어렸을 때, 저는 사촌과 일본으로 여행을 갔습니다.

2 그곳엔 많은 ~가 있었습니다. → **There were lots of + 있는 것(명사).**
There were lots of museums and parks. 그곳엔 많은 박물관과 공원들이 있었습니다.

3 저희가 그곳에 도착했을 때, 저희는 ~을 했습니다. → **When we got there, we + 한 일.**
When we got there, we unpacked our suitcases. 저희가 그곳에 도착했을 때, 짐 가방을 풀었습니다.

4 그리고 여행하는 동안, 저희는 ~을 했습니다. → **And during the trip, we + 한 일.**
And during the trip, we went for a hike on a volcano. 그리고 여행하는 동안 저희는 화산으로 하이킹을 갔습니다.

5 마지막 날, 저희는 ~을 했습니다. → **On the last day, we + 한 일.**
On the last day, we took pictures on the beach. 마지막 날, 저희는 해변에서 사진을 찍었습니다.

Unit 13 날씨/지형

"날씨"와 "지형" 주제는 Background Survey에는 없으나 자주 출제되는 돌발주제 중 하나입니다. 날씨와 관련해서는 한국의 계절과 관련된 질문이 주로 출제되고, 지형과 관련해서는 한국의 지리와 관련된 질문이 출제됩니다.

[빈출 문제] "날씨" 주제는 우리나라의 날씨와 계절, 어렸을 때 날씨와 최근 날씨 변화와 비교, 극한 날씨로 인해 겪었던 문제 경험 등이 자주 출제됩니다. "지형" 주제는 우리나라의 지형 특성 묘사, 어렸을 때 방문한 지형적 특성이 있던 장소, 우리나라 사람들이 지형적 특징이 있는 곳에서 하는 보편적인 활동 묘사, 어릴 적 방문한 명소에서 경험한 추억 등이 출제됩니다. 그리고 주변 국가에 대한 지형과 도시 및 국민 묘사, 주변국가와 우리나라의 관계나 역사적 사건 등을 묻는 문제가 2콤보로 출제됩니다.

날씨/지형	묘사	우리나라 날씨와 계절 묘사
		오늘의 날씨 묘사
		가장 좋아하는 계절/날씨
		우리나라 지형 특성 묘사 (산, 바다)
		이웃 국가의 지형, 도시, 국민 묘사
		어렸을 때 갔던 지형적 특별했던 장소
		어렸을 때 좋아하던 우리나라 장소
		우리나라와 다른 나라의 지형 비교
	활동	우리나라 사람들이 어떤 지형 장소에서 주로 하는 일
		우리나라 사람들의 보편적인 야외 활동
	경험	극한 날씨로 인해 겪었던 문제 경험
		날씨 때문에 생긴 기억에 남는 경험
		국내의 자연 경관을 본 경험
		어렸을 때 방문한 국내 명소에서의 추억
	기타	어렸을 때 날씨와 최근 날씨 변화와 비교
		계절별 문제점
		날씨가 기분에 미치는 영향
		우리나라와 다른 국가와의 관계 변화
		우리나라와 이웃 국가와의 역사적 사건

01 Tell me about the weather in your country. How many seasons are there? How are they different? What is the weather like in each season?

당신 나라의 날씨에 대해 말해주세요. 계절은 몇 개인가요? 계절은 어떻게 다른가요? 각 계절의 날씨는 어떤가요?

02 How has the weather in your country changed over the years? How was the weather when you were a child? How was it different from the weather now? Please describe the difference in detail.

세월이 지나면서 날씨가 변하였나요? 어렸을 때는 날씨가 어땠나요? 지금과 어떻게 다른가요? 차이점을 자세히 묘사해주세요.

03 Tell me about a memorable or unexpected experience related to the weather. What happened? When was it? Give me all the details about that experience.

날씨와 관련된 기억에 남거나 혹은 예상치 못한 경험에 대해 말해주세요. 어떤 일이 있었나요? 언제였나요? 그 경험에 대해 자세히 말해주세요.

우리나라 날씨 변화와 차이점

Q) How has the weather in your country changed over the years? How was the weather when you were a child? How was it different from the weather now? Please describe the difference in detail.

세월이 지나면서 날씨가 변하였나요? 어렸을 때는 날씨가 어땠나요? 지금과 어떻게 다른가요? 차이점을 자세히 묘사해주세요.

질문 키워드	how / weather / changed / how / when / child / how / different / now
답변 키워드	우리나라 날씨의 변화와 차이점(how ~weather ~ changed/different ~ in your country)에 대해 묻는 질문이다. 날씨 변화 소개를 답하고 어릴 적 날씨 묘사와 차이점(how ~ when ~ a child, how ~ different ~ now)은 계절, 할 수 있던 일을 답한다. 현재 날씨의 변화/차이점 묘사(how ~ weather ~ change/different)는 계절/차이점과 여름과 겨울의 변화를 묘사하고 날씨 변화에 대한 개인적인 생각과 마무리 문장으로 답변을 마무리하도록 한다. 주의할 점은, 과거형과 현재형 시제를 구분하여 정확하게 쓰는 것과 비교급을 사용하여 답변하는 것이다.

STORY TELLING 답변 연습

날씨 변화 소개		has changed a lot over the years	✏
어릴 적 날씨 묘사와 차이점	계절	four distinct seasons in Korea	✏
	할 수 있던 일	enjoy → different weather in each season	✏
현재 날씨의 변화/차이점 묘사	계절/차이점	But now, → seems like there are only 2 seasons → summer and winter	✏
	변화 1. 여름	getting hotter every year	✏
	변화 2. 겨울	getting colder	✏
날씨 변화에 대한 개인적인 생각		global warming → changing the weather for the worse	✏
마무리		about how the weather has changed	✏

EXPRESSIONS 답변 핵심 표현

- have changed a lot — 많이 변했다
- over the years — 지난 몇 년간
- four distinct seasons — 뚜렷한 4계절
- enjoy different weather — 다른 날씨를 즐기다
- in each season — 계절마다

- seem like — ~인 것 같다
- be getting hotter — 더 더워지는 중이다
- be getting colder — 더 추워지는 중이다
- global warming — 지구 온난화
- for the worse — 안 좋게, 나쁜 쪽으로

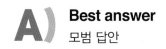

A) Best answer
모범 답안

주제/소개	날씨 변화 소개		I think the weather <u>has</u> changed a lot over the years. 날씨가 지난 몇 년 동안 많이 변했다고 생각합니다.
답변 전개	어릴 적 날씨 묘사와 차이점	**계절**	When I was a child, there used to be four distinct seasons in Korea. 제가 어릴 때, 한국은 뚜렷한 4계절이 있었습니다.
		할 수 있던 일	So, we could enjoy different weather in each season. 그래서 저희는 계절마다 다른 날씨를 즐길 수 있었습니다.
	현재 날씨의 변화/차이점 묘사	**계절/차이점**	But now, it seems like there are only 2 seasons: summer and winter. 그러나 지금은, 여름과 겨울 두 계절만 있는 것 같습니다.
		변화1. 여름	And also, <u>summer</u> is getting <u>hotter</u> every year. 그리고 또한 여름은 매년 더 더워지고 있습니다.
		변화2. 겨울	And on the other hand, <u>winter</u> is getting <u>colder</u>. 그리고 반면에, 겨울은 더 추워지고 있습니다.
	날씨 변화에 대한 개인적인 생각		I think global warming is changing the weather for the worse. 지구 온난화가 날씨를 안 좋게 변화시키고 있다고 생각합니다.
마무리			Anyway, that's all I can think of about how the weather has changed. Thanks. 이 정도가 제가 날씨 변화에 대해 생각나는 전부입니다. 감사합니다.

SENTENCES 답변 핵심 문장

1. 제 생각에는 날씨가 지난 몇 년 동안 많이 **변했다고/안 변했다고** 생각합니다.
   → **I think the weather + has/hasn't changed a lot over the years.**
   I think the weather hasn't changed over the years. 날씨가 지난 몇 년 동안 안 변했다고 생각합니다.

2. 제가 어릴 때, 한국은 뚜렷한 4계절이 있었습니다.
   → **When I was a child, there used to be four distinct seasons in Korea.**

3. 그러나 지금은, 여름과 겨울 두 계절만 있는 것 같습니다.
   → **But now, it seems like there are only 2 seasons: summer and winter.**

4. ~은 매년 더 ~하고 있습니다. → **계절 is getting + 변화(비교급) every year.**
   Spring is getting shorter every year. 봄은 매년 점점 더 짧아지고 있습니다.
   Winter is getting worse every year. 겨울은 점점 더 나빠지고 있습니다.

Unit 14 집에서 보내는 휴가

"집에서 보내는 휴가"는 자주 출제되는 선택주제 중 하나입니다. Background Survey에서 휴가나 출장을 다녀온 경험에 대한 질문으로 선택되며 관련된 문제들이 출제됩니다. 집에서 보내는 휴가는 여행을 제외한 집 안팎의 모든 활동을 의미합니다. 문제에는 spend your vacation at home(집에서 휴가를 보내다), stay at home during vacation(휴가 동안 집에서 보내다), during your vacation at home(집에서 휴가 동안) 등의 표현으로 출제됩니다.

[빈출 문제] "집에서 보내는 휴가" 주제는 집에서 보내는 휴가를 함께 보내는 사람과 미래 휴가에 함께 보내고 싶은 사람, 집에서 보내는 휴가 때 만나는 사람들 소개와 만나서 주로 함께 하는 일, 최근 집에서 휴가를 보내면서 한 일, 집에서 보내는 휴가 때 겪었던 기억에 남는 경험 등이 자주 출제됩니다. 또한 과거와 현재 사람들이 휴가를 보내는 방법 비교, 휴가의 중요성에 대한 이유를 묻는 문제도 2콤보로 자주 출제되고 있습니다.

집에서 보내는 휴가	사람	함께 보내는 사람과 미래 휴가에 함께 보내고 싶은 사람
	하는 일	최근 집에서 휴가를 보내면서 한 일
		휴가 첫날과 마지막 날에 주로 하는 일
		만나는 사람들 소개와 만나서 주로 함께 하는 일
	경험	휴가 중 겪었던 기억에 남는 경험
	기타	과거와 현재의 사람들이 휴가 보내는 방법 비교
		휴가가 중요하다고 생각하는 이유

01 You indicated that you take vacations at home. Who do you meet when you spend a vacation at home? What do you usually do with these people? Plus, who do you want to meet on your future vacation? Why is that?

배경 설문에서 당신은 휴가를 집에서 보낸다고 했습니다. 집에서 휴가를 보낼 때 누구를 만나나요? 그들과 주로 무엇을 하나요? 또한 향후 휴가에는 누구를 만나고 싶나요? 왜 그런가요?

02 Tell me about what you did exactly during your last vacation at home. How did your vacation start and how did it end? What did you do on each day? Tell me everything about what you did on your last vacation.

최근 집에서 보낸 휴가 동안 무엇을 했는지 말해주세요. 어떻게 휴가가 시작되었고, 어떻게 끝이 났나요? 무엇을 하며 보냈나요? 매일 무엇을 했나요? 최근 휴가를 보내면서 한 모든 일에 대해 말해주세요.

03 Tell me about an unusual, unexpected or satisfying experience you had during a vacation you spent at home. When was it and who were you with? What did you do? Why was it so memorable?

집에서 휴가를 보내면서 겪은 특이한, 예상하지 못한, 혹은 만족스러웠던 경험에 대해 말해주세요. 언제 일어난 일이며, 누구와 함께 있었나요? 무엇을 했습니까? 왜 기억에 남나요?

Tell me about what you did exactly during your last vacation at home. How did your vacation start and how did it end? What did you do on each day? Tell me everything about what you did on your last vacation.

최근 집에서 보낸 휴가 동안 무엇을 했는지 말해주세요. 어떻게 휴가가 시작되었고, 어떻게 끝이 났나요? 무엇을 하며 보냈나요? 매일 무엇을 했나요? 최근 휴가를 보내면서 한 모든 일에 대해 말해주세요.

질문 키워드	what / did / during / last vacation at home / how / start / end / what / do / each day
답변 키워드	최근 집에서 보낸 휴가 동안 한 일(during last vacation at home, what ~ did)을 묻는 질문이다. 답변은 최근 집에서 보낸 휴가 소개로 시기를 답하고 휴가 동안 매일 한 일 묘사(what ~ do ~ each day)는 첫째 날, 둘째 날, 마지막 날 한 일들을 답한다. 마지막으로 최근 집에서 보낸 휴가에 대한 개인적인 생각과 마무리 문장으로 답변을 마무리하도록 한다. 주의할 점은, 과거형 시제 사용과 휴가의 시작부터 끝까지 일별로 나누어 답변하는 것이다.

STORY TELLING 답변 연습

최근 집에서 보낸 휴가 소개	시기	Last week, → spent my vacation at home.	✎
휴가 동안 매일 한 일 묘사	첫째 날 한 일	On the first day, → stayed home 　　　　　　　　 → get some rest	✎
	다음 날 한 일	Then, the next day, → got together 　　　　　　　　　　 → my friends	✎
		went to a restaurant → get some dinner	✎
		talked about → our daily lives over drinks	✎
	마지막 날 한 일	On the last day of my vacation, → visited my parents' house	✎
		pretty fun and enjoyable	✎
최근 집에서 보낸 휴가에 대한 개인적인 생각		the best vacation at home	✎
마무리		about what I did during my last vacation at home	✎

EXPRESSIONS 답변 핵심 표현

- last week　　　　지난주
- on the first day　　첫째 날
- get some rest　　휴식을 취하다
- get some dinner　저녁을 먹다
- then, the next day　그리고 그 다음날
- fun and enjoyable　재밌고 즐거운

- spend my vacation at home　집에서 휴가를 보내다
- get together with my friends　친구를 만나다
- talk about our daily lives　일상생활에 대한 이야기를 나누다
- on the last day of my vacation　휴가 마지막 날
- visit my parents' house　부모님 댁을 방문하다

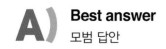

Best answer
모범 답안

주제/소개	최근 집에서 보낸 휴가 소개	시기	Last week, I spent my vacation at home. 지난주에 저는 집에서 휴가를 보냈습니다.
답변 전개	휴가 동안 매 일 한 일 묘사	첫째 날 한 일	On the first day, I stayed home to get some rest. 첫째 날, 저는 집에 머물며 휴식을 취했습니다.
		다음 날 한 일	Then, the next day, I got together with my friends. 그리고, 그 다음날, 저는 친구들과 모였습니다.
			We went to a restaurant to get some dinner. 저희는 저녁을 먹으러 식당에 갔습니다.
			And we talked about our daily lives over drinks. 그리고 저희는 술을 마시면서 일상에 대한 이야기를 했습니다.
		마지막 날 한 일	On the last day of my vacation, I visited my parents' house. 휴가 마지막 날, 저는 저의 부모님 집을 방문했습니다.
			It was pretty fun and enjoyable. 꽤 재미있고 즐거웠습니다.
	최근 집에서 보낸 휴가에 대한 개인적 생각		I think it was the best vacation at home. 제 생각에 그 휴가는 집에서 보낸 최고의 휴가였습니다.
마무리			Anyway, that's all I can think about what I did during my last vacation at home. Thanks. 이 정도가 제가 마지막 집에서 보낸 휴가동안 한 일들에 대해 생각나는 전부입니다. 감사합니다.

SENTENCES 답변 핵심 문장

① (시기)에 저는 집에서 휴가를 보냈습니다. → (시기), **I spent my vacation at home.**
A few months ago, I spent my vacation at home. 몇 달 전에, 저는 집에서 휴가를 보냈습니다.

② 첫째 날, 저는 ~을 했습니다. → **On the first day, I + 한 일.**
On the first day, I cleaned up the house. 첫째 날, 저는 집청소를 했습니다.

③ 그리고, 그 다음날, 저는 ~을 했습니다. → **Then, the next day, I + 한 일.**
Then, the next day, I went to a dentist. 그리고, 그 다음날, 저는 치과에 갔습니다.

④ 휴가 마지막 날, 저는 ~을 했습니다. → **On the last day of my vacation, I + 한 일.**
On the last day of my vacation, I invited my family to my house for dinner.
휴가 마지막 날, 저는 저녁식사에 가족들을 집으로 초대했습니다.

Unit 15　집안일 거들기

"집안일 거들기"는 Background Survey에는 없으나 자주 출제되는 돌발주제 중 하나입니다. 집안일은 house chores(집안 일), responsibilities at home(집에서 맡은 책임)등의 표현으로 질문에 출제되며 집을 치우거나 청소하기 등과 관련된 문제들이 출제됩니다.

[빈출 문제] "집안일 거들기" 주제는 나와 내 가족의 집안일, 어릴 적 맡았던 집안일, 어릴 적 완수하지 못했던 집안일 경험 등이 자주 출제됩니다.		
집안일 거들기	경향	나와 가족들이 하는 집안일
		집안일을 하는 경향 (빈도와 시간 등)
		좋아하는 집안일과 싫어하는 집안일
		지난 주에 한 집안일과 이번주 할 집안일
	경험	어릴 때 맡았던 집안일
		어릴 적 집안일을 완수하지 못해 겪은 문제 경험
		집안 일을 하면서 겪은 문제점
		가장 기억에 남는 집안일
	기타	남자와 여자의 집안일 역할 변화
		집을 깨끗하게 유지하기 위해 하는 일

01 What kinds of chores do your family members do at home? What are your responsibilities at home? Tell me about them in detail.

당신의 가족들은 집에서 어떤 종류의 집안일을 하나요? 당신이 맡은 집안일은 무엇인가요? 자세히 말해주세요.

02 What were your responsibilities at home when you were a child? How did you get things done?

어렸을 때 집에서 맡았던 집안일은 무엇이었나요? 어떻게 집안일을 해냈나요?

03 Did you ever have any difficulty fulfilling your responsibilities when you were a child? What kind of housework was it and why couldn't you do it? Tell me about what happened and how you dealt with it in as much detail as possible.

어렸을 때 집안일을 하는데 어려움이 있었던 적이 있나요? 어떤 종류의 집안일이었나요? 그리고 왜 할 수 없었나요? 어떤 일이 있었고, 어떻게 해결하였는지 자세히 말해주세요.

가족과 당신이 하는 집안일

IM-Unit15.mp3

Q) What kinds of chores do your family members do at home? What are your responsibilities at home? Tell me about them in detail.

당신의 가족들은 집에서 어떤 종류의 집안일을 하나요? 당신이 맡은 집안일은 무엇인가요? 자세히 말해주세요.

질문 키워드	what kinds of chores / your family members / do / what / responsibilities / home
답변 키워드	가족과 당신이 하는 집안일(what kinds ~ chores ~ family members do, what ~ your responsibilities at home)을 묻는 질문이다. 답변은 가족의 집안일하는 경향 소개를 답하고 내가 하는 집안일을 답한다. 가족이 하는 집안일로 아내의 집안일, 아들의 집안일을 답하고 식구가 같이 하는 집안일에 대해 시기, 하는 일, 느낌으로 답한다. 마지막으로 집안일에 대한 개인적인 생각과 마무리 문장으로 답변을 마무리하도록 한다. 주의할 점은, 3인칭 단수 동사에 s나 es를 붙여 답변하는 것이다.

STORY TELLING 답변 연습

가족의 집안일하는 경향 소개		In my house, → share the household chores	✎
내가 하는 집안일	하는 일 1	clean up the house	✎
	하는 일 2	take out the garbage	✎
가족이 하는 집안일	아내의 집안일	While I am doing my chores, → cooks → does the laundry	✎
	아들의 집안일	pretty young	✎
		picks up his toys → makes his bed	✎
식구가 같이 하는 집안일	시기, 하는 일	On weekends, → go buy groceries all together	✎
	느낌	pretty fun and enjoyable	✎
집안일에 대한 개인적인 생각		sharing the chores → the best way to save time	✎
마무리		about family chores	✎

EXPRESSIONS 답변 핵심 표현

- share the household chores   집안일을 나눠서 하다
- clean up the house   집을 청소하다
- take out the garbage   쓰레기를 내다 버리다
- while ~   ~하는 동안
- cook and do the laundry   요리와 빨래를 하다
- pretty young   꽤 어린

- pick up   줍다, 치우다
- make one's bed   침대정리를 하다
- on weekends   주말에
- go buy grocery   식료품을 사다
- fun and enjoyable   재밌고 즐거운
- save time   시간을 절약하다

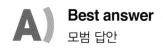 **Best answer**
모범 답안

주제/소개	가족의 집안일하는 경향 소개		In my house, we all share the household chores.
			저희 집은 모두가 집안일을 같이 나누어 합니다.
답변 전개	내가 하는 집안일	하는 일 1	I usually <u>clean up the house</u>.
			저는 주로 집 청소를 합니다.
		하는 일 2	And I also take out the garbage.
			그리고 저는 쓰레기를 내다 버리는 것도 합니다.
	가족이 하는 집안일	아내의 집안일	While I am doing my chores, <u>my wife usually cooks and does the laundry</u>.
			제가 저의 집안일을 하는 동안, 저의 아내는 요리와 빨래를 합니다.
		아들의 집안일	And my son is pretty young.
			그리고 저의 아들은 꽤 어립니다.
			So, he just picks up his toys and makes his bed.
			그래서 그는 그의 장난감을 줍는 것과 침대 정리 정도를 합니다.
	식구가 같이 하는 집안일	시기, 하는 일	On weekends, we usually <u>go buy groceries</u> all together.
			주말에 저희는 주로 식료품을 사러 모두 함께 갑니다.
		느낌	It is pretty fun and enjoyable.
			그건 꽤 재미있고 즐겁습니다.
	집안일에 대한 개인적인 생각		I think sharing the chores is the best way to save time.
			제 생각에 집안일을 함께 나누어 하는 것은 시간을 절약하는 최고의 방법입니다.
마무리			Anyway, that's all I can think of about family chores. Thanks.
			이 정도가 제가 저희 가족의 집안일에 대해 생각나는 전부입니다. 감사합니다.

SENTENCES **답변 핵심 문장**

1 **저는 주로 ~을 합니다. → I usually + 내가 하는 집안 일.**
I usually vacuum the floor. 저는 주로 청소기로 바닥을 청소합니다.

2 **제가 저의 집안일을 하는 동안, ~는 ~을 합니다. → While I am doing my chores, + 다른 가족이 하는 집안 일(주어+동사).**
While I am doing my chores, my mom hangs up the laundry. 제가 저의 집안일을 하는 동안, 엄마는 빨래를 넙니다.

3 **저희는 다같이 ~을 합니다. → we usually + 가족이 함께 하는 집안 일 all together.**
We usually separate the recyclables all together. 저희는 재활용품을 다같이 분리합니다.

Unit 16 재활용

"재활용"은 Background Survey에는 없으나 자주 출제되는 돌발주제 중 하나입니다. 재활용과 관련하여 우리나라의 재활용 시스템에 대한 설명은 물론 개인적인 재활용 방법이나 경험과 관련된 내용들이 문제로 출제됩니다.

> **[빈출 문제]** "재활용" 주제는 우리나라의 재활용, 본인이 집에서 하는 재활용 방법, 어릴 적 재활용 방법, 기억에 남는 재활용 경험 등이 자주 출제됩니다. 또한 과거와 현재의 재활용 변화와 재활용에 대해 듣거나 본 최근 뉴스 내용 문제도 2콤보로 자주 출제되고 있습니다.

재활용	방법	우리나라의 재활용
		본인이 집에서 하는 재활용 방법
		어릴 적 재활용 방법
		재활용하는 물건 및 종류
	경험	기억에 남는 재활용 경험
	기타	과거와 현재의 재활용 변화
		과거와 현재의 재활용 수거방법 변화
		과거와 현재의 재활용 대한 사람들의 인식 변화
		재활용에 대해 듣거나 본 최근 뉴스 내용

01 Tell me about how you recycle. When and how often do you recycle? What do you recycle? Where do you take the recycling? Describe the way you recycle in detail.

당신이 재활용하는 방법에 대해 말해주세요. 언제 그리고 얼마나 자주 재활용을 하나요? 무엇을 재활용하나요? 어디로 재활용품을 가져다 버리나요? 재활용하는 방법에 대해 자세히 말해주세요.

02 Tell me what recycling was like when you were a child. Was there a particular place where you took the recyclables? How has recycling changed since you were young?

어렸을 때 재활용은 어떠했는지 말해주세요. 재활용을 가져가는 특별한 장소가 있었나요? 어릴 적 이후로 재활용은 어떻게 변했나요?

03 Tell me about a memorable incident you had while recycling. What happened? How did you deal with the situation? Why was it so memorable? Please describe it in detail.

재활용을 하다가 겪은 기억에 남는 사건을 말해주세요. 무슨 일이었나요? 어떻게 그 상황을 해결했나요? 왜 기억에 남나요?

재활용 중 겪었던 기억에 남는 사건

IM-Unit16.mp3

 Tell me about a memorable incident you had while recycling. What happened? How did you deal with the situation? Why was it so memorable? Please describe it in detail.

재활용을 하다가 겪은 기억에 남는 사건을 말해주세요. 무슨 일이었나요? 어떻게 그 상황을 해결했나요? 왜 기억에 남나요?

질문 키워드	memorable incident / while recycling / what happened / how / deal / why / memorable
답변 키워드	재활용 중 겪었던 기억에 남는 사건(memorable incident ~ while recycling)에 대해 묻는 질문이다. 답변은 재활용 중 겪었던 기억에 남는 사건 상황 소개로 시기와 상황 그리고 한 일을 답한다. 재활용 중 겪었던 기억에 남는 사건 묘사(what happened)는 일어난 일/사건, 해결을 위해 한 일(how ~ deal), 그리고 결말로 답하고 기억에 남는 이유(why ~ memorable)와 마무리 문장으로 답변을 마무리하도록 한다. 주의할 점은, 과거형 시제로 답변하는 것이다.

STORY TELLING 답변 연습

재활용 중 겪었던 기억에 남는 사건 상황 소개	시기와 상황 묘사	Last weekend, → taking out the recycling	
	한 일	a lot of it	
		used a big plastic bag → put everything together	
		took the elevator → go to the recycling place	
재활용 중 겪었던 기억에 남는 사건 묘사	일어난 일/사건	But, all of a sudden,→ the bag ripped open	
		All the recycling → fell out	
	해결을 위해 한 일	had to pick everything up	
		couldn't get off the elevator	
	결말	Luckily, → neighbor helped me	
		And in the end,→ went ok	
기억에 남는 이유		memorable incident	
		stressful and annoying	
마무리		about a memorable incident I had while recycling	

EXPRESSIONS 답변 핵심 표현

- take out the recycling — 재활용 쓰레기를 버리다
- use a big plastic bag — 큰 비닐봉지를 사용하다
- put everything together — 모든 것들을 함께 담다
- take the elevator — 엘리베이터를 타다
- but, all of a sudden — 그런데 갑자기
- rip open — 찢어지다

- fall out — 떨어지다, (밖으로)빠지다
- pick everything up — 전부다 줍다
- couldn't get off — 내릴 수 없었다
- Everything goes ok. — 모든 게 잘 해결되다, 잘되다
- memorable incident — 기억에 남는 사건
- stressful and annoying — 스트레스 받고 짜증나는

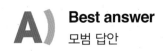

A) Best answer
모범 답안

주제/소개	재활용 중 겪었던 기억에 남는 사건 상황 소개	시기와 상황	Last weekend, I was taking out the recycling at home. 지난 주에 저는 집에서 재활용품을 내다 버리던 중이었습니다.
		한 일	And there was a lot of it. 그리고 많은 양의 재활용 쓰레기가 있었습니다.
			So, I used a big plastic bag to put everything together. 그래서 저는 큰 비닐봉지를 사용해서 모든 것들을 함께 담았습니다.
			Then, I took the elevator to go to the recycling place. 그리고 저는 재활용 장소로 가기 위해 엘리베이터를 탔습니다.
답변 전개	재활용 중 겪었던 기억에 남는 사건 묘사	일어난 일/사건	But, all of a sudden, the bag ripped open. 그런데 갑자기, 봉지가 찢어져서 열렸습니다.
			And all the recycling fell out. 그리고 모든 재활용이 봉지 밖으로 떨어졌습니다.
		해결을 위해 한 일	So, I had to pick everything up. 그래서 저는 전부다 주워야만 했습니다.
			And I also couldn't get off the elevator. 그리고 저는 엘리베이터도 내릴 수 없었습니다.
		결말	Luckily, my neighbor helped me. 운 좋게 저의 이웃이 저를 도와주었습니다.
			And in the end, everything went ok. 그리고 결국 모든 것이 잘 마무리되었습니다.
	기억에 남는 이유		It was a really memorable incident. 그건 정말 기억에 남는 사건이었습니다.
			Because it was really stressful and annoying. 왜냐하면 그건 정말 스트레스 받고 짜증나는 일이었기 때문입니다.
마무리			Anyway, that's all I can remember about a memorable incident I had while recycling. Thanks. 이 정도가 제가 재활용을 하던 중 겪었던 기억에 남는 사건에 대해 기억나는 전부입니다. 감사합니다.

SENTENCES 답변 핵심 문장

1. **~에 저는 집에서 재활용품을 ~ 중이었습니다. → 시기, I was 하던 일(동사ing) the recycling at home.**
   Two weeks ago, I was separating the recycling at home. 2주 전에 저는 집에서 재활용품을 분리하던 중이었습니다.

2. **그런데 갑자기, ~했습니다. → But, all of a sudden, + 일어난 일.**
   But, all of a sudden, I dropped the food garbage. 그런데 갑자기, 저는 음식물 쓰레기를 떨어트렸습니다.

3. **그래서 저는 ~해야만 했습니다. → So, I had to + 한 일.**
   So, I had to wipe the floor. 그래서 저는 바닥을 닦아야만 했습니다.

4. **결국 ~게 마무리되었습니다. → In the end, + 결말.**
   In the end, I was in trouble. 결국 저는 곤란했습니다.

5. **그건 정말 기억에 남는 사건이었습니다. 왜냐하면 ~이었기 때문입니다.**
   → It was a really memorable incident. Because + 이유(주어+동사).
   It was a really memorable incident. Because I felt really sorry for my neighbors.
   그건 정말 기억에 남는 사건이었습니다. 왜냐하면 이웃 주민들에게 정말 미안했기 때문입니다.

Unit 17 가구/가전

"가구"와 "가전"은 Background Survey에는 없는 돌발주제 중 하나입니다. 가구/가전은 주로 사물묘사 문제가 출제되며 "쇼핑"과 연관되어 구매 경험에 관한 문제로도 출제됩니다.

> **[빈출 문제]** "가구" 주제는 집에 있는 가구 묘사, 최근에 산 가구 묘사, 어릴 적 집에 있던 가구와 현재 집에 있는 가구 비교, 구매한 가구에 문제가 있던 경험 등이 자주 출제됩니다. "가전"은 새로운 가전 제품이 집안 일에 가져온 변화, 사람들이 관심 갖는 가전 제품 등이 2콤보로 자주 출제되고 있습니다.

가구/가전	묘사	집에 있는 가구/가전
		좋아하는 가구/가전
		최근에 산 가구/가전
		가구/가전의 용도
	경험	구매한 가구에 문제가 있었던 경험
		가전에 문제가 있었던 경험
	비교/이슈	어렸을 때 집에 있던 가구와 현재 집에 있는 가구 비교
		새로운 가전제품이 집안 일에 가져온 변화
		가전제품이 우리 삶에 가져온 변화
		일상에 도움을 주는 가전 제품
		사람들이 관심 갖는 가전 제품

01 Tell me about the furniture in your home. What is your favorite piece of furniture and why? Give me as many details as possible.

집에 있는 가구에 대해 말해주세요. 가장 좋아하는 가구는 무엇이고, 그 가구를 좋아하는 이유는 무엇인가요? 자세히 말해주세요.

02 Tell me about the furniture you had when you were young. How was it different from the furniture you currently have? Give me a description with lots of details.

당신이 어렸을 때 있었던 가구에 대해 말해주세요. 현재 가지고 있는 가구와 어떻게 달랐나요? 자세히 묘사해 주세요.

03 Have you ever experienced any problems with your furniture? Please tell me about what exactly happened and how you solved the problem.

당신의 가구에 문제가 있었던 경험이 있나요? 정확히 무슨 일이 있었는지 어떻게 그 문제를 해결했는지에 대해 말해주세요.

IM-Unit17.mp3

어릴 적 나의 가구 묘사와 지금 내 가구와의 차이점

 Tell me about the furniture you had when you were young. How was it different from the furniture you currently have? Give me a description with lots of details.

당신이 어렸을 때 있었던 가구에 대해 말해주세요. 현재 가지고 있는 가구와 어떻게 달랐나요? 자세히 묘사해 주세요.

질문 키워드	furniture / had / when / young / How / different / currently
답변 키워드	어릴 적 나의 가구 묘사와 지금 내 가구와의 차이점(furniture ~ had when ~ young, how ~ different ~ currently)을 묻는 질문이다. 답변은 어릴 적 가졌던 가구 묘사와 차이점, 그리고 지금 가진 가구의 차이점 묘사는 가구 수, 가구 종류와 위치 및 크기와 가격을 답하도록 한다. 마지막으로 지금 가진 가구에 대한 개인적인 생각과 마무리 문장으로 답변을 마무리하도록 한다. 주의할 점은, 과거형과 현재형 시제를 구분하여 정확하게 쓰는 것과 차이점에 대한 내용은 가능한 비교급을 사용하는 것이다.

STORY TELLING 답변 연습

어릴 적 가졌던 가구 묘사와 차이점	가구 수	When I was young, → few pieces of furniture	✎
	가구 종류와 위치	desk, a chair, and a bed in my room	✎
	크기와 가격	pretty small and cheap	✎
지금 가진 가구의 차이점 묘사	가구 수	But now, → more furniture in my house	✎
	가구 종류와 위치	closet and a queen-sized bed → in my bedroom	✎
		sofa, a table and chairs → in my living room	✎
	크기와 가격	way bigger and more expensive	✎
지금 가진 가구들에 대한 개인적 생각		my furniture these days → a lot higher quality	✎
마무리		about the differences between my furniture	✎

EXPRESSIONS 답변 핵심 표현

* when I was young 내가 어릴 때
* only a few pieces of furniture 단지 몇 점의 가구
* small and cheap 작고 싼
* more furniture 더 많은 가구

* closet and queen-sized bed 옷장과 퀸 사이즈 침대
* way bigger and more expensive 훨씬 더 크고 비싼
* my furniture these days 요즘 나의 가구들
* a lot higher quality 훨씬 더 높은 품질

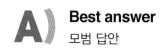

A) Best answer
모범 답안

주제/소개	어릴 적 가졌던 가구 묘사와 차이점	가구 수	When I was young, I had <u>only a few pieces of furniture</u>. 제가 어릴 적, 저는 오직 가구 몇 점만 가지고 있었습니다.
		가구 종류와 위치	I had a desk, a chair, and a bed in my room. 저는 제 방에 책상, 의자 그리고 침대를 가지고 있었습니다.
		크기와 가격	And they were pretty <u>small and cheap</u>. 그리고 그것들은 꽤 작고 쌌습니다.
답변 전개	지금 가진 가구의 차이점 묘사	가구 수	But now, I have <u>more furniture in my house</u>. 그러나 지금은 저는 집에 더 많은 가구들을 가지고 있습니다.
		가구 종류와 위치	There are a closet and a queen-sized bed in my bedroom. 제 침실에는 옷장과 퀸 사이즈 침대가 있습니다.
			And also, I have a sofa, a table, and chairs in my living room. 그리고 또한 저의 거실에는 소파, 테이블 그리고 의자들이 있습니다.
		크기와 가격	And they are way <u>bigger and more expensive</u>. 그리고 그것들은 훨씬 더 크고 비쌉니다.
	지금 가진 가구들에 대한 개인적 생각		I think my furniture these days is a lot higher quality. 제 생각에 요즘 저의 가구들은 훨씬 더 품질이 높은 것 같습니다.
마무리			Anyway, that's all I can think of about the differences between my furniture. Thanks. 이 정도가 제 가구의 다른 점들에 대해 생각나는 전부입니다. 감사합니다.

SENTENCES 답변 핵심 문장

1. 제가 어릴 적, 저는 ~을 가지고 있었습니다. → **When I was young, I had + 가구의 수나 종류.**
   When I was young, I had a bookshelf and a table in my room.
   제가 어릴 적, 저는 제 방에 책장과 테이블을 가지고 있었습니다.

2. 그것들은 꽤 ~했습니다. → **They were pretty + 형용사(원급).**
   They were pretty short and blue. 그것들은 꽤 키가 낮고 파란색이었습니다.

3. 그러나 지금 저는 ~을 가지고 있습니다. → **But now, I have + 가구의 수나 종류.**
   But now, I have a computer desk and a built-in closet. 그러나 지금 저는 컴퓨터 책상과 붙박이 장을 가지고 있습니다.

4. 그것들은 훨씬 더 ~합니다. → **They are way + 비교급 형용사.**
   They are way more functional and stylish. 그것들을 훨씬 더 기능적이고 멋집니다.

51

Unit 18 쇼핑

"쇼핑하기"는 자주 출제되는 선택주제 중 하나입니다. Background Survey에서 여가 활동 중 하나로 선택되며 관련된 문제들이 다양하게 출제됩니다. 특이한 점은, 쇼핑하기는 Background Survey에서 선택하지 않아도 돌발 질문으로도 자주 출제됩니다.

[빈출 문제] "쇼핑하기"는 질문의 유형이 매우 다양합니다. 그 중 내가 자주 가는 상점과 자주가는 이유 및 주로 사는 물건, 나의 쇼핑 습관 묘사, 최근 쇼핑 경험, 쇼핑 중 겪은 예상치 못한 경험 묘사 등이 자주 출제됩니다. 또한 과거와 현재의 쇼핑 변화와 비교, 사람들의 쇼핑 습관 중 가장 큰 변화 묘사, 사람들에게 인기 있는 상품이나 서비스 등도 2콤보로 자주 출제되고 있습니다.

쇼핑	장소	우리나라 상점/쇼핑몰 묘사
		동네 쇼핑몰 묘사
		자주 가는 상점과 이유, 주로 사는 물건
		자주 가는 식료품점 묘사
		어렸을 때 기억에 남는 상점
	습관/하는 일	나의 쇼핑 습관 묘사
		쇼핑 가서 하는 일 순서대로 묘사
	계기	어렸을 때 쇼핑 추억과 쇼핑을 좋아하게 된 계기
	경험	최근 쇼핑 경험
		기억에 남는 쇼핑 경험 묘사
		쇼핑 중 겪은 예상치 못한 경험 묘사
		고장이 나거나 손상된 물건을 구매했던 경험
		쇼핑 불만 경험
		교환이나 환불 경험
	비교/이슈	과거와 현재 쇼핑 변화 비교
		사람들의 쇼핑 습관 관련 가장 큰 변화 묘사
		사람들에게 인기 있는 상품이나 서비스

01 In your background survey, you indicated that you like to go shopping. Let's talk about your shopping habits. How often do you go shopping? What do you buy most often? Where do you go shopping?

배경 설문에서, 당신은 쇼핑 가기를 좋아한다고 했습니다. 당신의 쇼핑 습관에 대해 말해주세요. 얼마나 자주 쇼핑을 가나요? 가장 자주 사는 것은 무엇인가요? 어디로 쇼핑을 가나요?

02 When was the last time you went shopping? Where did you go and what did you buy? Who did you go with? What was special about that shopping experience?

최근 쇼핑을 하러 간 것은 언제였나요? 어디로 갔으며, 무엇을 샀나요? 누구와 함께 갔나요? 쇼핑의 특별했던 점은 무엇인가요?

03 People sometimes experience difficulties while they are shopping. What was a problem you experienced while shopping? How did you deal with it? Please give me a description with lots of details.

사람들은 쇼핑할 때 종종 어려움을 겪습니다. 당신이 쇼핑 중에 겪은 문제는 무엇이었나요? 어떻게 해결했나요? 자세히 말해주세요.

쇼핑 중 겪었던 문제

IM-Unit18.mp3

Q) People sometimes experience difficulties while they are shopping. What was a problem you experienced while shopping? How did you deal with it? Please give me a description with lots of details.

사람들은 쇼핑할 때 종종 어려움을 겪습니다. 당신이 쇼핑 중에 겪은 문제는 무엇이었나요? 어떻게 해결했나요? 자세히 말해주세요.

질문 키워드	what / problem / experienced / while shopping / how / deal
답변 키워드	쇼핑 중 겪었던 문제(What ~ a problem~ experienced while shopping)를 묻는 질문이다. 답변은 쇼핑 중 문제를 겪은 상황 소개로 시기, 쇼핑 한 이유, 장소, 그리고 한 일과 물건이 배달된 시기로 답한다. 쇼핑 중 겪은 문제와 경험 묘사는 문제(what ~ problem), 해결을 위해 한 일(how ~ deal), 결말과 기분으로 답하고 이 문제에 대한 개인적인 생각과 마무리 문장으로 답변을 마무리하도록 한다. 주의할 점은, 과거형 시제로 답변하는 것이다.

STORY TELLING 답변 연습

쇼핑 중 문제를 겪은 상황 소개	시기, 쇼핑 한 이유	Last month, → shopping for a shirt	✏
	장소	favorite online shopping mall	✏
	한 일	found → a nice one there	✏
		double-checked → the size and ordered it	✏
	물건이 배달된 시기	delivered the next day	✏
쇼핑 중 겪은 문제와 경험 묘사	문제	found out → too small for me	✏
	해결을 위해 한 일	exchange it	✏
	결말	my size → out of stock	✏
	기분과 이유	disappointed → really like the shirt	✏
이 문제에 대한 개인적인 생각		every online shopping mall → different sizes	✏
마무리		about a problem I experienced while shopping	✏

EXPRESSIONS 답변 핵심 표현

- order it 그것을 주문하다
- find out 알게 되다, 발견하다
- disappointed 실망한
- be out of stock 품절되다
- too small for me 나에게 너무 작은
- my favorite online shopping mall 가장 좋아하는 온라인 쇼핑몰

- shop online for a shirt 온라인에서 셔츠를 사다
- find a nice one there 거기서 좋은 하나를 찾다
- double-check the size 사이즈를 재확인하다
- be delivered the next day 다음날 배달되다
- try to exchange it 교환을 하려고 해보다
- have different sizes 다른 사이즈(기준)를 가지다

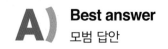

A) Best answer
모범 답안

주제/소개	쇼핑 중 문제를 겪은 상황 소개	시기, 쇼핑 한 이유	Last month, I was shopping online for a shirt. 지난달에 저는 온라인에서 셔츠를 사던 중이었습니다.
		장소	So, I went to my favorite online shopping mall. 그래서 저는 제가 가장 좋아하는 온라인 쇼핑몰로 갔습니다.
		한 일	And I found a nice one there. 그리고 저는 거기서 좋은 셔츠를 찾았습니다.
			I double-checked the size and ordered it. 저는 사이즈를 재확인하고 주문을 했습니다.
		물건이 배달된 시기	And it was delivered the next day. 그리고 다음 날 배달이 되었습니다.
답변 전개	쇼핑 중 겪은 문제와 경험 묘사	문제	But, I found out it was too small for me. 그러나 저에게는 너무 작다는 것을 알게 되었습니다.
		해결을 위해 한 일	So, I tried to exchange it. 그래서 저는 교환을 하려고 해보았습니다.
		결말	But my size was out of stock. 그러나 제 사이즈는 품절이었습니다.
		기분과 이유	I was disappointed because I really liked the shirt. 저는 실망했는데 왜냐하면 그 셔츠가 정말 맘에 들었기 때문입니다.
	이 문제에 대한 개인적인 생각		I think every online shopping mall has different sizes. 제 생각에 온라인 쇼핑몰마다 사이즈가 다른 것 같습니다.
마무리			Anyway, that's all I can remember about a problem I experienced while shopping. Thanks. 이 정도가 제가 쇼핑 중 제가 경험했던 문제에 대해 생각나는 전부입니다. 감사합니다.

SENTENCES 답변 핵심 문장

① **~에 저는 ~을 구입했습니다. → 시기, I was shopping for + 구입한 물건.**
A few weeks ago, I was shopping online for a laptop computer.
몇 주 전에 저는 온라인에서 노트북을 사던 중이었습니다

② **그런데 저는 ~하다는 것을 발견했습니다. → But I found out + 문제점(주어+동사).**
But I found out the color looks different from the picture on the website.
그런데 저는 색깔이 웹사이트의 사진과 다르다는 것을 발견했습니다.

③ **저는 ~을 하려고 해보았습니다. → I tried to + 한 일.**
I tried to return it to get a refund. 저는 환불을 받기 위해 반품하려고 봤습니다.
I tried to exchange it for a different model. 저는 다른 모델로 교환을 하려고 해봤습니다.

④ **그러나 ~은 품절이었습니다. → But + 물건/사이즈/색상 was out of stock.**
But that model was out of stock. 그러나 그 모델은 품절이었습니다.

Unit 19 패션

"패션" 주제는 Background Survey에는 없는 돌발주제 중 하나입니다. 패션과 관련된 여러 가지 유형의 문제가 출제되며 여가 활동 중 "쇼핑하기"와 연계되어 출제되기도 합니다.

[빈출 문제] "패션" 주제는 우리나라 사람들의 옷차림, 지금 입고 있는 옷과 좋아하는 스타일, 옷을 사는 장소와 습관, 옷 사러 가서 하는 일들, 어릴 적과 지금의 패션 변화와 비교, 최근 옷 쇼핑 중 겪은 문제 경험, 구매한 옷에 문제가 있던 경험 등이 자주 출제됩니다.

패션	쇼핑	옷을 사는 장소와 습관
		옷 사러 가서 하는 일들
		어릴 적과 지금의 패션 변화와 비교
		최근 옷 쇼핑 중 겪은 문제 경험
		구매한 옷에 문제가 있던 경험
	스타일	우리나라 사람들의 옷차림
		내가 좋아하는 옷과 스타일
		요즘 유행하는 스타일
		지금 입고 있는 옷과 좋아하는 스타일

01 I'd like to know how people dress in your country. What kinds of clothes do they wear when they go to work and when they're relaxing at home?

당신의 나라 사람들이 어떻게 옷을 입는지 알고 싶습니다. 사람들은 일을 하러 가거나, 집에서 쉴 때 어떤 종류의 옷을 입나요?

02 What kinds of clothes do you like to wear personally? What are you wearing today? What kind of fashion style do you like? Give me all the details about your fashion style.

당신은 개인적으로 어떤 종류의 옷을 좋아하나요? 오늘은 무엇을 입고 있나요? 어떤 패션 스타일을 좋아하나요? 당신의 패션 스타일에 대해 자세히 말해주세요.

03 Tell me about the changes in fashion. What kinds of clothes did people wear in the past? Was there anything special? How was it different from what people wear these days?

패션의 변화에 대해 말해주세요. 과거에는 사람들이 어떤 종류의 옷을 입었나요? 특별한 것이 있었나요? 요즘 사람들이 입는 것과 어떻게 다른가요?

우리나라 사람들의 패션

IM-Unit19.mp3

Q) I'd like to know how people dress in your country. What kinds of clothes do they wear when they go to work and when they're relaxing at home?

당신의 나라 사람들이 어떻게 옷을 입는지 알고 싶습니다. 사람들은 일을 하러 가거나, 집에서 쉴 때 어떤 종류의 옷을 입나요?

질문 키워드	how people dress / in your country / what kinds of clothes / when / go / work / relaxing / home
답변 키워드	우리나라 사람들의 패션(how people dress ~ in your country)을 묻는 질문이다. 답변은 우리나라 사람들의 패션 소개(how people dress)로 입는 옷, 패션 성향을 답한다. 일할 때 입는 옷(when ~ work)과 집에서 쉴 때 입는 옷(when ~ home)에 대해서는 주로 입는 옷 종류(what kinds ~ clothes)와 그 옷을 입는 이유로 답한 후 마무리 문장으로 답변을 마무리하도록 한다. 주의할 점은, 사람들에 대해 물었으므로 people, they와 같은 복수 주어를 사용하는 것이다.

STORY TELLING 답변 연습

우리나라 사람들의 패션 소개	입는 옷	people in my country → just dress like people in any other country	✎
	패션 성향	pretty fashionable	✎
일할 때 입는 옷	주로 입는 옷 종류	When they go to work, → business clothes 　　　　　　　　　　　　　→ dresses or suits	✎
	이유	professional and tidy	✎
집에서 쉴 때 입는 옷	주로 입는 옷 종류	But when they're relaxing at home → comfortable clothes → t-shirts and comfortable pants	✎
	이유	the best to relax in	✎
마무리		about how people dress in my country	✎

EXPRESSIONS 답변 핵심 표현

- people in my country　　　　우리나라 사람들
- dress　　　　　　　　　　　옷을 입다
- when they go to work　　　그들이 일하러 갈 때
- wear business clothes　　　정장을 입는다
- ~ like dresses or suits　　　원피스나 정장 같은
- wear comfortable clothes　편안한 옷들을 입는다

- ~ such as t-shirts and sweatpants　티셔츠나 운동복 바지 같은 편안한 것
- like people in any other country　다른 나라 사람들처럼
- fashionable　　　　　　　옷을 잘 입는, 패션 감각이 뛰어난
- look professional and tidy　전문적이고 깔끔해 보이다
- when they're relaxing at home　그들이 집에서 쉴 때
- the best to relax in　　　쉴 때 (입는 옷으로)최고

56

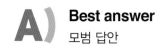

A) Best answer
모범 답안

주제/소개	우리나라 사람들의 패션 소개	입는 옷	People in my country just dress like people in any other country. 우리나라 사람들은 다른 나라 사람들처럼 옷을 입습니다.
		패션 성향	They are also pretty fashionable. 사람들은 또한 옷을 꽤 잘 입습니다.
답변 전개	일할 때 입는 옷	주로 입는 옷 종류	When they go to work, they usually wear <u>business clothes like dresses or suits</u>. 그들이 일하러 갈 때, 그들은 원피스나 정장 같은 업무 복장의 옷을 입습니다.
		이유	Because they make them look professional and tidy. 왜냐하면 그 옷들은 전문적이고 깔끔해 보이게 하기 때문입니다.
	집에서 쉴 때 입는 옷	주로 입는 옷 종류	But when they're relaxing at home, people just wear <u>comfortable clothes such as T-shirts and sweatpants</u>. 그러나 그들이 집에서 쉴 때, 사람들은 그냥 편안한 티셔츠나 운동복 바지 같은 것을 입습니다.
		이유	Because they are the best to relax in. 왜냐하면 그 옷들은 쉴 때 입고 있기 최고이기 때문입니다.
마무리			Anyway, that's all I can think of about how people dress in my country. Thanks. 이 정도가 제가 우리나라 사람들이 주로 입는 옷에 대해 생각나는 전부입니다. 감사합니다.

SENTENCES 답변 핵심 문장

1. 우리나라 사람들은 다른 나라 사람들처럼 옷을 입습니다.
   → **People in my country just dress like people in any other country.**

2. 그들이 일하러 갈 때, 그들은 ~을 입습니다. → **When they go to work, they usually wear + 복장/옷의 종류.**
   When they go to work, they usually wear uniforms. 그들이 일하러 갈 때는 유니폼을 입습니다.

3. 그러나 그들이 집에서 쉴 때, 사람들은 그냥 ~을 입습니다.
   → **But when they're relaxing at home, people just wear + 복장/옷의 종류.**
   But when they're relaxing at home, people just wear pajamas. 그러나 그들이 집에서 쉴 때, 사람들은 잠옷을 입습니다.

Unit 20 술집/카페

"술집"과 "카페" 주제는 선택주제 중 하나입니다. Background Survey에서 여가 활동 중 하나로 선택되며 관련된 문제들이 출제됩니다.

[빈출 문제] 술집/카페 주제는 자주 가는 카페/술집, 최근 술집/카페에 갔던 경험, 술집/카페에서 기억에 남는 경험 등이 자주 출제됩니다. 이 외에도 술집/카페에서 주로 하는 일, 술집/카페에서 문제를 겪었던 경험에 대한 질문이 출제되기도 합니다.

술집/카페	장소	술집/카페에서 좋아하는 메뉴
		자주 가는 술집/카페 묘사
		동네의 술집/카페 묘사
		한국의 술집/카페 묘사
		과거와 현재의 술집/카페 비교
	활동	술집/카페에서 하는 일
	경험	술집/카페에서 기억에 남는 경험
		최근 술집/카페에 갔던 경험
	기타	술집/카페의 역할 변화

01 In your background survey, you indicated that you like to go to cafés. Tell me about the café you go to most often. Tell me everything about that place in detail.

배경 설문에서 당신은 카페에 가는 것을 좋아한다고 했습니다. 자주 가는 카페에 대해 말해주세요. 그 장소에 대해 상세하게 말해주세요.

02 What do you usually do at a café? Who do you normally go with? What do you like to order? Tell me about it in detail.

카페에서 주로 무엇을 하나요? 주로 누구와 함께 가나요? 무엇을 주문하는 걸 좋아하나요? 자세히 말해주세요.

03 Tell me about a memorable incident that happened at a café. What happened and who was involved? Tell me about the incident in detail and explain why it was so memorable.

카페에서 기억에 남는 사건에 대해 말해주세요. 무슨 일이 일어났으며, 누가 함께 했습니까? 사건에 대해 자세히 말해주세요. 그리고 왜 기억에 남는지 설명해주세요.

카페에서 기억에 남는 사건

IM-Unit20.mp3

 Tell me about a memorable incident that happened at a café. What happened and who was involved? Tell me about the incident in detail and explain why it was so memorable.

카페에서 기억에 남는 사건에 대해 말해주세요. 무슨 일이 일어났으며, 누가 함께 했습니까? 사건에 대해 자세히 말해주세요. 그리고 왜 기억에 남는지 설명해주세요.

질문 키워드	memorable incident / cafe / what happened / who / involved / why / memorable
답변 키워드	카페에서 기억에 남는 사건(memorable incident ~ café)을 묻는 문제이다. 답변은 기억에 남는 사건 상황 소개로 시기, 장소, 같이 간 사람과 분위기, 한 일로 답한다. 기억에 남는 사건 묘사는 일어난 일/사건(what happened), 해결을 위해 한 일, 관련된 사람(who ~ involved)과 그 사람이 한 일 그리고 결말로 답하고 기억에 남는 이유(why ~ memorable)와 마무리 문장으로 답변을 마무리하도록 한다. 주의할 점은, 과거형 시제로 답변하는 것이다.

STORY TELLING 답변 연습

기억에 남는 사건 상황 소개	시기, 장소, 같이 간 사람	Last month, → went to a café with my friends	
	분위기	pretty busy and crowded	
	한 일	ordered → some hot coffee and cake	
기억에 남는 사건 묘사	일어난 일/사건	served us → the wrong order	
		got → iced coffee instead	
	사건 해결을 위해 한 일	brought → the coffee to the counter → explained	
	관련된 사람과 그 사람이 한 일	checked our receipt → apologized immediately	
	결말	served → the right order → with some free cookies	
기억에 남는 이유		memorable → canceled the charges on my card	
마무리		about a memorable incident at a café	

EXPRESSIONS 답변 핵심 표현

- bring the coffee to the counter 커피를 카운터로 가져가다
- go to a café with my friends 친구와 카페에 가다
- busy and crowded 바쁘고 복잡하게 붐비는
- order some hot coffee 따뜻한 커피를 주문하다
- serve us the wrong order 잘못된 것을 가져다주다
- get iced coffee instead 대신 차가운 커피를 받는다

- cancel the charge on my card 내 카드의 결제를 취소하다
- explain 설명하다
- check our receipt 우리의 영수증을 확인하다
- apologize immediately 즉시 사과하다
- the right order 올바른 것(원래 주문한 것)

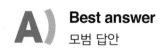

A) Best answer
모범 답안

주제/소개	기억에 남는 사건 상황 소개	시기, 장소, 같이 간 사람	Last month, I went to a café with <u>my friends</u>. 지난달에 저는 제 친구와 카페에 갔습니다.
		분위기	It was pretty busy and crowded. 카페는 꽤 바쁘고 복잡하게 붐볐습니다.
		한 일	We ordered some hot coffee and cake. 저희는 따뜻한 커피와 케이크를 주문했습니다.
답변 전개	기억에 남는 사건 묘사	일어난 일/사건	But they served us the wrong <u>order</u>. 그러나 그들은 저희에게 잘못된(다른) 것을 주었습니다.
			We got iced coffee instead. 그리고 저희는 대신 차가운 커피를 받았습니다.
		해결을 위해 한 일	So, we brought the <u>coffee</u> to the counter and explained. 그래서 저희는 커피를 카운터로 가져가서 상황을 설명했습니다.
		관련된 사람과 그 사람이 한 일	The staff checked <u>our receipt</u> and apologized immediately. 직원은 저희의 영수증을 확인했고 즉시 사과를 했습니다.
		결말	And they served us the right order with some free cookies. 그리고 저희가 처음에 주문한 것과 무료로 약간의 쿠키를 가져다 주었습니다.
	기억에 남는 이유		It was very memorable, because <u>they canceled the charge on my card</u>. 이 일은 매우 기억에 남았는데 왜냐하면 그들이 결제된 카드의 커피값을 취소해 주었기 때문입니다.
마무리			Anyway, that's all I can remember about a memorable incident at a café. Thanks. 이 정도가 제가 카페에서 겪은 기억에 남는 사건에 대해 기억나는 전부입니다. 감사합니다.

SENTENCES 답변 핵심 문장

① ~에 저는 ~와 카페에 갔습니다. → <u>시기</u>, **I went to a café with** + 같이 간 사람.
Last Saturday, I went to a café with my girlfriend. 지난주 토요일에 저는 여자친구와 카페에 갔습니다.

② 그러나 그들은 저희에게 잘못된(다른) ~을 주었습니다. → **But they served us the wrong** + 잘못 받은 것(명사).
But they served us the wrong pizza. 그러나 그들은 저희에게 다른 피자를 주었습니다.

③ 그래서 저희는 ~을 카운터로 가져가서 상황을 설명했습니다.
→ **So, we brought the** + 잘못 나온 것(명사) **to the counter and explained.**
So, we brought the pizza to the counter and explained. 그래서 저희는 피자를 카운터로 가져가서 상황을 설명했습니다.

④ 직원은 저희의 ~을 확인했고 즉시 사과를 했습니다. → **The staff checked** + 확인한 것 **and apologized immediately.**
The staff checked our food and apologized immediately. 직원은 저희의 음식을 확인했고 즉시 사과를 했습니다.

Unit 21 호텔

"호텔" 주제는 Background에는 없는 돌발주제 중 하나입니다. 호텔은 "여행"이나 "휴가" 또는 "출장" 등의 롤플레이 주제와 연계되어 자주 출제되고 있습니다.

[빈출 문제] "호텔" 주제는 우리나라의 일반적인 호텔 묘사, 호텔에 투숙하는 경향과 도착해서 하는 일, 기억에 남는 호텔 묘사, 최근에 호텔에서 묵은 경험 등이 자주 출제됩니다.

호텔	장소 및 시설	우리나라의 일반적인 호텔 묘사
		자주가는 호텔
		기억에 남는 호텔 묘사
		호텔에서 이용하는 시설
	활동	호텔에 투숙하는 경향과 도착해서 하는 일
	경험	최근에 호텔에서 묵은 경험
		기억에 남는 호텔 투숙 경험
	사건	호텔을 이용하면서 겪었던 문제

01 Tell me about the hotels in your country. What are those places like? Where are they located? What kind of facilities do they have?

당신 나라에 있는 호텔에 대해 말해주세요. 어떻게 생겼나요? 어디에 위치해 있나요? 어떤 시설들이 있나요?

02 Tell me what you typically do when you visit hotels. What do you usually do when you get there? Tell me everything from beginning to end.

호텔을 방문하면 주로 무엇을 하는지 말해주세요. 도착해서 주로 무엇을 하나요? 처음부터 끝까지 자세히 말해주세요.

03 Tell me about a memorable hotel you've stayed at. Where was it? What did it look like? Describe it for me in as much detail as possible.

당신이 머물렀던 기억에 남는 호텔에 대해 말해주세요. 어디였나요? 어떻게 생겼었나요? 자세히 묘사해주세요.

호텔에 가서 하는 일

IM-Unit21.mp3

Q) Tell me what you typically do when you visit hotels. What do you usually do when you get there? Tell me everything from beginning to end.

호텔을 방문하면 주로 무엇을 하는지 말해주세요. 도착해서 주로 무엇을 하나요? 처음부터 끝까지 자세히 말해주세요.

질문 키워드	what / typically / do / when / visit / hotels / when / get / there / beginning / end
답변 키워드	호텔에 가서 하는 일(what ~ do when ~ visit hotels)을 묻는 질문이다. 답변은 호텔에 묵는 경향 소개로 시기/상황, 예약으로 답한다. 호텔에 도착해서 하는 일 묘사(what ~ do ~ when ~ get there)는 일반적으로 하는 일들(typically ~ do)을 순서대로(beginning ~ end) 나열하여 답하고 호텔을 떠나기 전에 하는 일로 답변을 마무리하도록 한다. 주의할 점은, typically (전형적인, 보통, 일반적인) 호텔에서의 활동에 대한 내용과 현재 시제로 답변하는 것이다.

STORY TELLING 답변 연습

호텔에 묵는 경향 소개	시기/상황	stay at a hotel → when I am on vacation	✎
	예약	make a reservation → in advance	✎
호텔에 도착해서 하는 일 묘사	하는 일 1	when I get there, → check in at the front desk	✎
	하는 일 2	When I get to my room, → unpack my suitcase → check out the view	✎
	하는 일 3	take a rest → or go to the hotel lounge	✎
	하는 일 4	In the morning, → go for breakfast at the hotel buffet	✎
호텔을 떠나기 전에 하는 일		before I leave, → check out from the hotel	✎
마무리		about what I typically do at hotels	✎

EXPRESSIONS 답변 핵심 표현

- stay at a hotel — 호텔에 묵다, 숙박하다
- when I am on vacation — 주로 휴가 때
- make a reservation in advance — 미리 예약하다
- when I get there — 거기에 도착하면
- check in at the front desk — 프론트 데스크에서 체크인을 하다
- When I get to my room — (호텔)방에 도착하면
- unpack my suitcase — 여행가방의 짐을 풀다
- check out the view — 경치를 확인하다
- go to the hotel lounge — 호텔 라운지에 가다
- go for breakfast — 아침 식사를 하러 가다
- before I leave — 떠나기 전에
- check out from the hotel — 호텔에서 체크아웃 하다

A) Best answer
모범 답안

주제/소개	호텔에 묵는 경향 소개	시기/상황	I usually stay at a hotel when <u>I am on vacation</u>. 저는 주로 휴가 때 호텔에 묵습니다.
		예약	And I always make a reservation for the hotel in advance. 그리고 저는 항상 호텔을 미리 예약합니다.
답변 전개	호텔에 도착해서 하는 일 묘사	하는 일 1	And when I get there, I <u>check in at the front desk</u>. 그리고 거기에 도착하면, 저는 프론트 데스크에서 체크인을 합니다.
		하는 일 2	When I get to my room, I unpack my suitcase and check out the view. 저는 방에 도착하면, 여행가방의 짐을 풀고 경치를 확인합니다.
		하는 일 3	And then, I usually <u>take a rest or go to the hotel lounge</u>. 그리고 나서 저는 방에서 쉬거나 호텔 라운지에 갑니다.
		하는 일 4	In the morning, I always go for breakfast at the hotel buffet. 아침에는 항상 호텔 뷔페로 아침 식사를 하러 갑니다.
	호텔을 떠나기 전에 하는 일		And before I leave, <u>I check out from the hotel</u>. 그리고 떠나기 전에는, 호텔에서 체크아웃을 합니다.
마무리			Anyway, that's all I can think of about what I typically do at hotels. Thanks. 이 정도가 제가 호텔에서 주로 하는 일들에 대해 생각나는 전부입니다. 감사합니다.

SENTENCES 답변 핵심 문장

1. 저는 주로 ～때 호텔에 묵습니다. → **I usually stay at a hotel when + 시기(주어+동사).**
   I usually stay at a hotel when I go on a business trip. 저는 주로 출장 때 호텔에 묵습니다.

2. 거기에 도착하면, 저는 ～을 합니다. → **When I get there, I + 도착해서 하는 일.**
   When I get there, I usually park the car in the hotel parking lot. 거기에 도착하면, 저는 호텔주차장에 주차를 합니다.

3. 그리고 나서 저는 주로 ～을 합니다. → **And then, I usually + 주로 하는 일.**
   And then, I usually leave my bag in the room and go out. 그리고 나서 저는 방에 짐을 두고 밖에 나갑니다.

4. 그리고 떠나기 전에는, ～을 합니다. → **And before I leave, I + 떠나기 전에 하는 일.**
   And before I leave, I usually double-check my luggage. 그리고 떠나기 전에는, 주로 제 짐들을 다시 한번 확인합니다.

Unit 22 은행

"은행" 주제는 Background Survey에는 없는 돌발주제 중 하나입니다. 은행과 관련된 여러 가지 유형의 문제가 출제되며 은행에서 보는 업무나 겪었던 문제 경험과 관련하여 롤플레이에서도 자주 출제되고 있습니다.

[빈출 문제] "은행" 주제는 우리나라의 일반적인 은행 묘사, 내가 은행에 가서 하는 일, 은행에서 문제를 겪었던 경험, 어릴 적 기억에 남는 은행과 지금 은행과의 비교 및 은행의 변화와 차이 등이 자주 출제됩니다.

	장소	우리나라의 일반적인 은행 묘사
은행	활동	내가 은행에 가서 하는 일
	경험	은행에서 문제를 겪었던 경험
		최근에 은행에 갔던 경험
		기억에 남는 은행에서의 경험
	비교/이슈	어릴 적 은행과 지금 은행 비교
		과거와 현재의 은행 변화
		사람들이 은행에 가는 이유

01 Tell me about the banks in your country. What do they look like? Where are they located? When do they open and close? Please describe in as much detail as possible.

당신 나라의 은행에 대해 말해주세요. 어떻게 생겼나요? 어디에 있나요? 영업시간은 어떻게 되나요? 가능한 자세히 묘사해주세요.

02 What do you do from the moment you walk into the bank until you walk out? Tell me everything about what goes on when you visit the bank.

은행에 들어와서 나가는 순간까지 무엇을 하나요? 은행에 방문했을 때 일어나는 모든 일에 대해 말해주세요.

03 Banks have changed over the years. Tell me about a bank you remember from your childhood. What was the bank like? How was it different from banks today?

은행들은 지난 몇 년간 많이 변했습니다. 어렸을 때 기억나는 은행에 대해서 이야기해주세요. 그 은행은 어땠나요? 요즘의 은행들과는 어떻게 다른가요?

어릴 적 기억나는 은행 한 곳과
요즘 은행들과의 차이

IM-Unit22.mp3

Q) Banks have changed over the years. Tell me about a bank you remember from your childhood. What was the bank like? How was it different from banks today?

은행들은 지난 몇 년간 많이 변했습니다. 어렸을 때 기억나는 은행에 대해서 이야기해주세요. 그 은행은 어땠나요? 요즘의 은행들과는 어떻게 다른가요?

질문 키워드	bank / changed / bank / remember / childhood / what / like / how / different / banks today
답변 키워드	어릴 적 기억나는 은행 한 곳과 요즘 은행들과의 차이(bank ~ remember ~ childhood, how ~ different ~ banks today)에 대해 묻는 질문이다. 답변은 어릴 적 기억나는 은행 한 곳 소개를 하고 은행의 묘사(what ~ like)와 차이점은 있는 것/사물, 있는 것/사람, 느낌과 차이점(how ~ different)으로 답한다. 요즘 은행들의 차이점/변화 묘사는 차이점/변화 소개와 변화가 나에게 미친 영향으로 답하고 요즘 은행들에 대한 개인적 생각과 마무리 문장으로 답변을 마무리하도록 한다. 주의할 점은, 기억에 남는 어릴 적 은행은 단수 명사인 a bank로 요즘 은행들은 복수형 주어인 banks로 답변하는 것이다.

STORY TELLING 답변 연습

어릴 적 기억나는 은행 한 곳 소개		When I was a child → used to go to a 한국 bank	✎
어릴 적 기억나는 은행 한 곳 묘사와 차이점	있는 것 1 사물	sofas with magazines → in the waiting area	✎
	있는 것 2 사람	many customers → in the bank	✎
	느낌	pretty nice and friendly there	✎
	차이점	But → no online banking back then	✎
		had to go there → do banking	✎
요즘 은행들의 차이점/변화 묘사	차이점/변화 소개	But now, → offer online banking	✎
	변화가 나에게 미친 영향	don't have to go to a bank	✎
요즘 은행들에 대한 개인적 생각		banks these days → a lot more convenient	✎
마무리		about how banks have changed	✎

EXPRESSIONS 답변 핵심 표현

- used to go to ~ ~에 가곤 했다
- magazines in the waiting area 대기 장소에 잡지들
- many customers 많은 고객들
- nice and friendly 좋고 친절하다
- no online banking 온라인 뱅킹이 없다

- back then 그 당시, 예전에
- go to do banking 은행일을 보러 가다
- offer online banking 온라인 뱅킹을 제공하다
- don't have to go to a bank 은행에 가지 않아도 되다
- more convenient 더 편리한

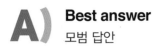

A) Best answer
모범 답안

주제/소개	어릴 적 기억나는 은행 한 곳 소개		When I was a child, I used to go to a 한국 bank. 제가 어릴 때, 저는 한국은행을 가곤 했습니다.
답변 전개	어릴 적 기억나는 은행 한 곳 묘사와 차이점	있는 것 1/사물	There were many sofas with magazines in the waiting area. 대기 장소에는 많은 소파와 잡지들이 있었습니다.
		있는 것 2/사람	And also, many customers were in the bank. 그리고 또한, 많은 고객들이 은행에 있었습니다.
		느낌	It was pretty nice and friendly there. 그곳은 굉장히 좋고 친절했습니다.
		차이점	But there was no online banking back then. 그러나 예전에는 온라인 뱅킹이 없었습니다.
			So, I had to go there to do banking when I was a child. 그래서 저는 은행일을 보러 그곳에 가야만 했습니다.
	요즘 은행들의 차이점/변화 묘사	차이점/변화 소개	But now, banks offer online banking. 그러나 지금은, 은행들이 온라인 뱅킹을 제공합니다.
		변화가 나에게 미친 영향	So, I don't have to go to a bank. 그래서 저는 은행에 가지 않아도 됩니다.
	요즘 은행들에 대한 개인적 생각		I think banks these days are a lot more convenient. 제 생각에 요즘 은행들은 훨씬 더 편리합니다.
마무리			Anyway, that's all I can think of about how banks have changed. Thanks. 이 정도가 제가 은행의 변화에 대해 생각나는 전부입니다. 감사합니다.

SENTENCES 답변 핵심 문장

① 제가 어릴 때, 저는 ~은행을 가곤 했습니다. → **When I was a child, I used to go to + 은행 이름.**

② ~가 있었습니다. → **There were + 있던 시설들/물건들/사람들.**
There were many tellers and customers. 많은 창구 직원들과 고객들이 있었습니다.

③ 그러나 예전에는 ~가 없었습니다. → **But there was no + 예전엔 없던 것 back then.**
But there was no ATM back then. 그러나 예전에는 ATM이 없었습니다.

④ 그러나 지금은, 은행들이 ~을 제공합니다. → **But now, banks offer + 요즘에 있는 것.**
But now, banks offer ATMs everywhere. 그러나 지금은, 은행들이 어디에나 ATM을 두었습니다.

Unit 23 음식점/외식

"음식점"과 "외식" 주제는 Background Survey에는 없으나 자주 출제되는 돌발주제 중 하나입니다. 이 두 주제는 학교나 직장생활 또는 가족과의 활동이나 모임과 연계되어 출제되기도 합니다.

[빈출 문제] "음식점"과 "외식" 주제는 우리나라 식당, 음식점에 가서 하는 일, 어릴 적 기억에 남는 식당과 요즘 식당들과의 차이, 음식점에서 겪은 기억에 남는 에피소드, 그리고 외식 성향 등이 자주 출제됩니다. 또한 외식 문화와 음식점의 과거 현재 비교/변화, 사람들이 음식점에 대해 언급하는 이슈 등을 묻는 문제가 2콤보로 출제됩니다.

음식점	장소	우리나라 식당
		어렸을 때 갔던 음식점
		동네에 가장 좋아하는 음식점
		가장 좋아하는 외국 음식점
		좋아하는 테이크아웃 혹은 배달 음식점
	활동	음식점에 가서 하는 일
		최근 간 음식점에서 한 일 묘사
		새로운 식료품점을 찾은 방법
	사물	내가 먹는 일상음식
		직장인들의 평일 식사
	경험	음식점에서 있었던 기억에 남는/예상치 못한 에피소드
		외국 음식점에서 최근에 간 경험
		최근 간 테이크아웃이나 배달 음식점 경험
		테이크아웃이나 배달 음식점을 이용한 특별한 행사 경험
		체인 음식점과 지역 음식점 경험
	비교/이슈	어렸을 때 갔던 음식점과 현재 음식점 변화/차이
		테이크아웃 혹은 배달 음식점 건강메뉴/트랜드 변화
		사람들이 음식점에 대해 언급하는 이슈
외식		외식 성향
		기억에 남는 외식 경험
		최근에 외식한 경험
		외식 문화와 음식점의 과거 현재 비교/변화

01 Tell me about restaurants in your country. What are typical restaurants like? What kind of food do they serve? How are the prices? How often do you personally go to them?

당신 나라에 있는 식당에 대해 말해주세요. 전형적인 식당들은 어떤가요? 어떤 종류의 음식을 파나요? 가격은 어느 정도인가요? 개인적으로 그 종류의 식당에 얼마나 자주 가나요?

02 Tell me about a restaurant you remember from your childhood. What was the restaurant like? How was it different from the restaurants you visit today?

어렸을 때 기억나는 식당에 대해서 이야기해주세요. 그 식당은 어땠나요? 요즘 당신이 가는 식당들과는 어떻게 다른가요?

03 I'd like to know about a restaurant you went to recently. What kind of restaurant was it? What was on the menu? What did you eat? Who did you go there with? How was the food? Talk about it in as much detail as possible.

최근에 갔던 음식점에 대해 말해주세요. 어떤 종류의 음식점이었나요? 메뉴는 뭐였나요? 무엇을 먹었나요? 누구와 함께 갔나요? 음식은 어땠나요? 가능한 자세히 말해주세요.

IM-Unit23.mp3

Q) Tell me about restaurants in your country. What are typical restaurants like? What kind of food do they serve? How are the prices? How often do you personally go to them?

당신 나라에 있는 식당에 대해 말해주세요. 전형적인 식당들은 어떤가요? 어떤 종류의 음식을 파나요? 가격은 어느 정도인가요? 개인적으로 그 종류의 식당에 얼마나 자주 가나요?

질문 키워드	restaurants / in your country / what / like / what kind of food / serve / how / prices / how often / you / go
답변 키워드	우리나라의 전형적인 식당(restaurants in your country)에 대해 묻는 질문이다. 답변은 우리나라 식당 소개와 파는 메뉴들(what kind ~ food ~ serve), 그리고 주요 메뉴로 답한다. 우리나라 식당 묘사(what ~ like)는 볼 수 있는 것/시설, 직원 그리고 음식의 가격대(how ~ prices)를 답하고 이 식당들을 가는 개인적인 빈도(how often ~ you ~ go ~ them)와 이유를 답한 후 마무리 문장으로 답변을 마무리하도록 한다. 주의할 점은, 우리나라 식당이므로 복수형 주어인 restaurants나 they로 답변하는 것과 일반적으로 식당에 가는 빈도가 아닌 답변에 소개한 그 종류의 식당에 가는 개인적인 빈도를 답하는 것이다.

STORY TELLING 답변 연습

우리나라 식당 소개	소개	restaurants in my country → just the same as in other countries	✎
	파는 메뉴들	all kinds of food → Korean, Japanese, and other things like that	✎
	주요 메뉴	But mostly ~ → serve traditional Korean food	✎
우리나라 식당 묘사	볼 수 있는 것/시설	When you go, → many tables and chairs	✎
	직원	many waiters and waitresses → serve food there	✎
	음식의 가격대	prices → pretty reasonable	✎
		depends on the quality → of the restaurant	✎
이 식당들을 가는 개인적인 빈도	빈도	Personally, → Korean restaurant → once or twice a week	✎
	이유	Korean food → my favorite	✎
마무리		about restaurants in my country	✎

EXPRESSIONS 답변 핵심 표현

- restaurants in my country — 우리나라 식당들
- Korean, Japanese — 한식, 일식
- traditional Korean food — 전통적인 한식
- prices — 가격
- pretty reasonable — 꽤 합리적인
- personally — 개인적으로

- just the same as in other countries — 다른 나라들과 똑같다
- serve all kinds of food — 모든 종류의 음식들을 판다
- mostly serve — 대부분 (식당에서 음식을)판다
- when you go, you can see ~ — (당신이 그곳에) 가면, ~ 을 볼 수 있다
- waiters and waitresses — 웨이터들과 웨이트리스들
- depend on the quality of ~ — ~의 품질에 따라 다르다

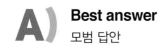

A) Best answer
모범 답안

주제/소개	우리나라 식당 소개	소개	Restaurants in my country are just the same as in other countries. 우리나라 식당들은 다른 나라들과 똑같습니다.
		파는 메뉴들	They serve all kinds of food like <u>Korean, Japanese, and other things like that</u>. 그들은 한식, 일식 등과 같은 모든 종류의 음식들을 팝니다.
		주요 메뉴	But mostly they serve traditional <u>Korean</u> food. 그렇지만 그들은 대부분 전통적인 한식을 팝니다.
답변 전개	우리나라 식당 묘사	볼 수 있는 것/시설	When you go, you can see many tables and chairs. 식당에 가면 많은 테이블과 의자들을 볼 수 있습니다.
		직원	And also, many waiters and waitresses serve food there. 그리고 또한, 많은 웨이터들과 웨이트리스들이 그곳에서 음식을 서빙합니다.
		음식의 가격대	On top of that, prices are <u>pretty reasonable</u>. 그뿐만 아니라, 가격대도 꽤 합리적입니다.
			I think it depends on the quality of the restaurant. 제 생각에 가격은 식당의 질에 따라 다릅니다.
	이 종류의 식당들을 가는 개인적인 빈도	빈도	Personally, I go to a Korean restaurant <u>once or twice a week</u>. 개인적으로 저는 전통 한식당에 일주일에 한두 번 갑니다.
		이유	Because Korean food is my favorite. 왜냐하면 한식은 제가 가장 좋아하는 음식이기 때문입니다.
마무리			Anyway, that's all I can think of about restaurants in my country. Thanks. 이 정도가 제가 우리나라 식당들에 대해 생각나는 전부입니다. 감사합니다.

SENTENCES 답변 핵심 문장

1. 우리나라 식당들은 다른 나라들과 똑같습니다.
   → **Restaurants in my country are just the same as in other countries.**

2. 그들은 ~와 같은 모든 종류의 음식들을 팝니다. → **They serve all kinds of food like + 파는 음식 종류들.**
   They serve all kinds of food like Italian, Chinese, and other things like that.
   그들은 이태리 음식, 중식과 같은 모든 종류의 음식들을 팝니다.

3. 그렇지만 그들은 대부분 전통적인 ~을 팝니다. → **But mostly they serve traditional + 파는 음식 종류 food.**
   But mostly, they serve traditional local food. 그렇지만 그들은 대부분 전통적인 지역 음식을 팝니다.

4. 가격대는 ~합니다. → **Prices are + 가격대.**
   Prices are all different. 가격대는 다 다릅니다.

5. 개인적으로, 저는 전통 한식당에 ~번 갑니다. → **Personally, I go to a Korean restaurant + 빈도.**
   Personally, I go to a Korean restaurant very often. 개인적으로 저는 전통 한식당에 꽤 자주 갑니다.

Unit 24 건강/병원

"건강"과 "병원" 주제는 Background Survey에는 없으나 자주 출제되는 돌발주제 중 하나입니다. 이 두 주제는 음식이나 요리, 상점이나 음식점, 운동 등의 주제들과 함께 연관되어 출제되고 있습니다.

> **[빈출 문제]** "건강" 주제는 내가 아는 건강한 사람의 습관, 건강한 사람들이 먹는 음식, 건강을 위해 평상시에 하는 일 등이 자주 출제됩니다. 또한 건강에 대한 생각과 유지방법의 변화, 건강에 이상이 생겨 겪은 문제가 2콤보로 자주 출제됩니다. "병원" 주제는 우리나라 병원, 어릴 적 병원에 간 경험, 병원에서 불쾌했던 경험 등이 출제되고 있으며 치과와 관련된 문제도 출제되고 있습니다.

건강	사람	내가 아는 건강한 사람의 습관
		건강한 사람을 만난 후에 받은 영향
	행동	건강한 사람들이 먹는 음식
		내가 건강을 위해 평상시에 하는 일
		건강을 위해 했던 일
		건강을 위해 변화를 준 경험
		건강에 대한 생각과 유지방법의 변화
	문제	건강에 생길 수 있는 문제
		건강에 이상이 생겨 겪은 문제
병원	장소	우리나라 병원
		과거와 현재의 병원의 변화
		내가 주로 가는 병원
	경험	어릴 적 병원에 간 경험
		처음 병원에 갔던 기억
		병원에서 불쾌했던 경험

01 I'd like to ask you to describe a healthy person you know. What makes that person healthy? Tell me everything about what makes that person healthy.

당신이 알고 있는 건강한 사람에 대해서 묘사해주세요. 그 사람을 건강하게 만드는 것은 무엇인가요? 그 사람이 건강한 이유에 대해 모두 말해주세요.

02 Tell me about a time when you did something to become healthier. Maybe you started exercising or changed your diet. What was it and why did you choose to do it? How did it turn out? Describe everything you did in detail.

더 건강해지기 위해 무언가를 했던 때를 말해주세요. 운동을 시작했거나 식단을 바꿨을 수도 있습니다. 그것은 무엇이었고 왜 하기로 선택했었나요? 결과는 어땠나요? 했던 모든 일에 대해 자세히 말해주세요.

03 Ideas about good health and how to stay healthy always change. What did people do to stay healthy when you were a child? What did people think was a healthy diet at that time? How did people usually exercise? Describe how ideas about health have changed since you were young.

건강에 대한 생각과 건강 유지 방법은 항상 변합니다. 어렸을 때 사람들은 건강을 유지하기 위해 무엇을 했나요? 그 때 사람들은 건강한 식단이 무엇이라고 생각했나요? 사람들은 주로 어떻게 운동을 했나요? 당신이 어렸을 때부터 건강에 대한 생각이 어떻게 변했는지 묘사해주세요.

과거 사람들의 건강 유지 방법과
건강에 대한 생각의 변화

IM-Unit24.mp3

Q) Ideas about good health and how to stay healthy always change. What did people do to stay healthy when you were a child? What did people think was a healthy diet at that time? How did people usually exercise? Describe how ideas about health have changed since you were young.
건강에 대한 생각과 건강 유지 방법은 항상 변합니다. 어렸을 때 사람들은 건강을 유지하기 위해 무엇을 했나요? 그 때 사람들은 건강한 식단이 무엇이라고 생각했나요? 사람들은 주로 어떻게 운동을 했나요? 당신이 어렸을 때부터 건강에 대한 생각이 어떻게 변했는지 묘사해주세요.

질문 키워드	what / people / do / stay healthy / when / child / what / healthy diet / how / exercise / how / ideas about health / changed
답변 키워드	과거 사람들의 건강 유지 방법(what ~ people do ~ stay healthy when ~ child)과 건강에 대한 생각의 변화(how ideas about health ~ changed)를 묻는 질문이다. 답변은 건강에 대한 생각 변화 소개 후 과거 사람들의 건강 유지 방법과 생각 묘사로 건강 유지 방법, 건강식에 대한 생각(what ~ think~ healthy diet), 운동법(how ~ exercise)으로 답한다. 요즘 사람들의 건강 유지 방법과 생각의 변화 묘사는 건강 유지 방법의 변화, 식단의 변화, 그리고 운동법의 변화로 답하고 요즘 사람들의 건강 관심도 변화에 대한 개인적인 생각과 마무리 문장으로 답변을 마무리하도록 한다. 주의할 점은 사람들에 대해 물었으므로 복수형 주어인 people이나 they로 답변하는 것이다.

STORY TELLING 답변 연습

건강에 대한 인식 변화 소개		ideas about staying healthy → have changed a lot
과거 사람들의 건강 유지 방법과 생각 묘사	**건강 유지 방법**	When I was young, → people → simple things
	건강한 식단에 대한 생각	eating a lot of white rice and meat → a healthy diet
	운동법	walked a lot in general, → didn't have to exercise
요즘 사람들의 건강 유지 방법과 생각의 변화 묘사	**건강 유지 방법의 변화**	But now → do a lot of things → for their health
	식단의 변화	eat a balanced diet
	운동법의 변화	work out with a personal trainer → at a gym
요즘 사람들의 건강 관심도 변화에 대한 개인적인 생각		people today → care much more about their health
마무리		about changing ideas about staying healthy

EXPRESSIONS 답변 핵심 표현

* ideas about staying healthy
* have changed a lot
* just do simple things
* healthy diet
* walk a lot in general
* don't have to exercise

건강 유지법에 대한 인식
많이 변했다
단순한 것들만 하다
건강식
평소에 많이 걷다
운동하지 않아도 되다

* do a lot of things
* for their health
* eat a balanced diet
* work out at a gym
* with a personal trainer
* care much more about ~

많은 것들을 하다
그들의 건강을 위해
균형 잡힌 식사를 하다
헬스장에서 운동을 하다
개인 트레이너와 함께
~에 더 많이 신경을 쓰다

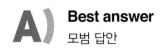

A) Best answer
모범 답안

주제/소개	건강에 대한 생각 변화 소개		I think ideas about staying healthy <u>have</u> changed a lot. 제 생각에 건강 유지법에 대한 인식이 많이 변했습니다.
답변 전개	과거 사람들의 건강 유지 방법과 생각 묘사	**건강 유지 방법**	When I was a child, people <u>just did simple things</u>. 제가 어릴 때 사람들은 단순한 것들만 했습니다.
		건강식에 대한 생각	They thought <u>eating a lot of white rice and meat</u> was a healthy diet. 그리고 사람들은 많은 양의 흰쌀밥과 고기를 먹는 것이 건강식이라고 생각했습니다.
		운동법	And they walked a lot in general, so they didn't have to exercise. 그리고 대체로 많이 걸었기 때문에, 운동을 하지 않아도 됐습니다.
	요즘 사람들의 건강 유지 방법과 생각의 변화 묘사	**건강 유지 방법의 변화**	But now, people <u>do a lot of things for their health</u>. 하지만 요즘 사람들은 그들의 건강을 위해 많은 것들을 합니다.
		식단의 변화	They eat a balanced diet. 그들은 균형 잡힌 식사를 합니다.
		운동법의 변화	And also, they work out with a personal trainer at a gym. 그리고 또한 그들은 헬스장에서 개인 트레이너와 운동을 합니다.
	요즘 사람들의 건강 관심도 변화에 대한 개인적인 생각		I think people today care much more about their health. 제 생각에 요즘 사람들은 건강에 더 많이 신경을 씁니다.
마무리			Anyway, that's all I can think of about changing ideas about staying healthy. Thanks. 이 정도가 제가 건강을 유지하는 생각의 변화에 대해 생각나는 전부입니다. 감사합니다.

SENTENCES 답변 핵심 문장

1. 제 생각에 건강 유지법에 대한 인식이 많이 <u>변했습니다/안 변했습니다</u>.
   → **I think ideas about staying healthy + have/haven't changed a lot.**
   I think ideas about staying healthy haven't changed a lot. 제 생각에 건강 유지법에 대한 인식이 많이 변하지 않았습니다.

2. 제가 어릴 때, 사람들은 ~을 했습니다. → **When I was a child, people + 과거에 사람들이 했던 일(운동법/먹은 건강식).**
   When I was a child, people ate only Korean food. 한국음식만 먹었습니다.

3. 사람들은 ~이 건강식이라고 생각했습니다.
   → **They thought + 과거에 사람들이 먹은 음식 was a healthy diet.**
   They thought only Korean food was a healthy diet. 그들은 한국음식만이 건강식이라고 생각했습니다.

4. 하지만 요즘 사람들은 그들의 건강을 위해 ~을 합니다. → **But now, people + 요즘 사람들이 건강을 위해 하는 일.**
   But now, people enjoy their hobbies for their health. 하지만 요즘 사람들은 그들의 건강을 위해 취미를 즐깁니다.

Unit 25 건강식/음식

"건강식"과 "음식" 주제는 Background Survey에는 없으나 자주 출제되는 돌발주제 중 하나입니다. 특이한 점은, 건강이나 음식점, 요리나 상점 등의 주제들과 함께 연관되어서 출제되고 있습니다.

> **[빈출 문제]** "건강" 주제는 건강한 사람들이 먹는 음식, 건강식 종류와 건강에 좋은 이유, 건강한 사람들의 식습관, 최근에 건강식을 먹은 경험 등이 자주 출제됩니다. "음식"은 우리나라 대표음식, 음식관련 기억에 남는 일 등이 자주 출제됩니다. 또한 식품 구매 방식의 과거 현재 변화 문제와 식품 문제 관련한 뉴스나 기사 내용 문제가 2콤보로 자주 출제됩니다.

건강식 / 음식	음식	건강한 사람들이 먹는 음식
		건강식 종류와 건강에 좋은 이유
		우리나라 대표 음식
		본인이 먹는 일상 음식
	장소	건강식을 파는 식료품점
	활동	건강한 사람들의 식습관
		건강식 구매 방법 혹은 요리방법
	경험	어렸을 때 건강식을 먹게 된 계기 설명
		건강식을 최근에 먹은 경험
		음식 관련 기억에 남는 일
	변화/이슈	식품 구매 방식의 과거 현재 변화
		식품 문제 관련한 뉴스나 기사 내용

01 Tell me about healthy foods that you know of. What kinds of foods help you stay healthy? How often do you eat those foods? Why are those kinds of food healthy for you?

당신이 알고 있는 건강한 음식을 말해주세요. 어떤 종류의 음식이 당신의 건강을 유지하게 돕나요? 얼마나 자주 그런 종류의 음식들을 먹나요? 왜 그런 종류의 음식들이 당신의 건강에 좋은가요?

02 Tell me about the last time you had healthy food. When was it? Who did you eat with? How did you feel afterward? What was special about that experience? Tell me everything in detail.

당신이 최근에 건강식을 먹었던 것에 대해 말해주세요. 언제였나요? 누구와 함께 먹었나요? 그 후 느낌이 어땠나요? 그 경험의 특별했던 점은 무엇인가요? 모두다 자세히 말해주세요.

03 How has the way people shop for food changed over the years? How did people buy food when you were a child? How was it different than the way people buy food now? Describe the changes in as much detail as possible.

지난 몇 년간 사람들의 식품 구매 방식은 어떻게 변했나요? 어릴 적 사람들은 어떻게 음식을 구매했나요? 그것은 지금 사람들이 식품을 구매하는 방법과 어떻게 다른가요? 변화에 대해서 가능한 자세히 묘사해주세요.

Tell me about the last time you had healthy food. When was it? Who did you eat with? How did you feel afterward? What was special about that experience? Tell me everything in detail.
당신이 최근에 건강식을 먹었던 것에 대해 말해주세요. 언제였나요? 누구와 함께 먹었나요? 그 후 느낌이 어땠나요? 그 경험의 특별했던 점은 무엇인가요? 모두다 자세히 말해주세요.

질문 키워드	last time / healthy food / when / who / eat / with / how / feel / afterward / what / special / experience
답변 키워드	최근 건강식을 먹은 경험(last time ~ had healthy food)을 묻는 문제이다. 답변으로는 시기(when), 장소, 같이 간 사람(who~ with)과 먹은 건강식, 그리고 음식 소개를 답한다. 그리고 경험 묘사로 한 일과 음식 묘사, 음식 맛과 먹은 후 느낌(how ~ feel afterward)을 답하고 이 경험의 특별했던 점/이유(what ~ special ~ experience)와 마무리 문장으로 답변을 마무리하도록 한다. 주의할 점은 과거형 시제로 답변하는 것이다.

STORY TELLING 답변 연습

최근 건강식을 먹었던 경험 소개	시기, 장소, 같이 간 사람	Last weekend, → a 삼계탕 restaurant with my family	🖊
	먹은 건강식	We → 삼계탕 there	🖊
	음식 소개	ginseng chicken soup	🖊
		one of the healthiest foods in Korea	🖊
최근 건강식을 먹었던 경험 묘사	한 일	When the food was served, → enjoyed → Kimchi	🖊
	음식 묘사	The soup → a whole chicken → rice and ginseng in it	🖊
	음식 맛	pretty tasty and rich	🖊
	먹은 후 느낌	After eating 삼계탕, → healthier and stronger	🖊
이 경험의 특별했던 점/이유		very special	🖊
		the best 삼계탕 I've ever had	🖊
마무리		about the last time I had healthy food	🖊

EXPRESSIONS 답변 핵심 표현

- go to a restaurant with my family 가족과 함께 식당에 가다
- basically ginseng chicken soup 일반적인 인삼 수프
- the healthiest food in Korea 한국에서 가장 건강한 음식
- when the food is served 음식이 나오면
- enjoy it with fresh Kimchi 신선한 김치와 함께 즐기다

- feel healthier and stronger 더 건강하고 강해진 느낌이다
- contain ~이 들어있다
- tasty and rich 맛있고 진한
- after eating 삼계탕 삼계탕을 먹은 후에
- the best ~I've ever had 내가 먹어본 최고의 ~

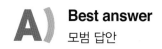

A) Best answer
모범 답안

주제/소개	최근 건강식을 먹었던 경험 소개	시기, 장소, 같이 간 사람	Last weekend, I went to a 삼계탕 restaurant with my family. 지난 주말에, 저는 가족들과 삼계탕 식당에 갔습니다.
		먹은 건강식	We had 삼계탕 there. 저희는 거기서 삼계탕을 먹었습니다.
		음식 소개	It is basically ginseng chicken soup. 이것은 일반적인 닭고기 인삼 수프입니다.
			And it is one of the healthiest foods in Korea. 그리고 이것은 한국 최고의 건강식 중 하나입니다.
답변 전개	최근 건강식을 먹었던 경험 묘사	한 일	When the food was served, we enjoyed it with fresh Kimchi. 음식이 나왔을 때, 저희는 신선한 김치와 함께 삼계탕을 즐겼습니다.
		음식 묘사	The soup contained a whole chicken with rice and ginseng in it. 삼계탕에는 쌀과 인삼이 들어간 닭 한 마리가 들어있었습니다.
		음식 맛	It was pretty tasty and rich. 꽤 맛있고 진국이있습니다.
		먹은 후 느낌	After eating 삼계탕, I felt healthier and stronger. 삼계탕을 먹은 후에, 저는 더 건강해지고 튼튼해진 기분이었습니다.
	이 경험의 특별했던 점/이유		It was very special. 그것은 정말 특별했습니다.
			Because it was the best 삼계탕 I've ever had. 왜냐하면 제가 먹어본 삼계탕 중 최고였기 때문입니다.
마무리			Anyway, that's all I can remember about the last time I had healthy food. Thanks. 이 정도가 제가 최근에 건강식을 먹은 것에 대해 기억나는 전부입니다. 감사합니다.

SENTENCES 답변 핵심 문장

① ~에, 저는 ~와 ~에 갔습니다. → **방문한 시기, I went to + 식당 with + 같이 간 사람.**
Two days ago, I went to a salad bar with my co-workers. 이틀 전에 저는 직장동료들과 샐러드바에 갔습니다.

② 저희는 거기서 ~을 먹었습니다. → **We had + 먹은 음식 there.**
We had chicken salad there. 저희는 거기서 치킨 샐러드를 먹었습니다.

③ 맛이 ~했습니다. → **It was + 맛(형용사).**
It was very fresh and nutritious. 그것은 굉장히 신성하고 영양가 있었습니다.

④ ~을 먹은 후에, 저는 더 건강해지고 튼튼해진 기분이었습니다. → **After eating + 먹은 음식, I felt healthier and stronger.**
After eating duck meat, I felt healthier and stronger. 오리고기를 먹은 후에, 저는 더 건강해지고 튼튼해진 기분이었습니다.

⑤ 그것은 정말 특별했습니다. 왜냐하면 ~이기 때문입니다. → **It was very special. Because + 이유(주어+동사).**
It was very special. Because the ginseng gave me more energy.
그것은 정말 특별했습니다. 왜냐하면 인삼이 더 많은 에너지를 저에게 주었기 때문입니다.

Unit 26 요리

"요리하기"는 선택주제 중 하나입니다. Background Survey에서 취미나 관심사 중 하나로 선택되며 관련된 문제들이 출제됩니다. 이 주제는 TV 프로그램이나 음식, 모임, 휴일 등과 연계되어 한 콤보 세트로 조합되어 출제되기도 합니다.

[빈출 문제] "요리하기"는 가장 요리하기 좋아하는 음식과 이유 그리고 요리 과정 묘사, 요리에 관심을 가지게 된 계기와 가르쳐 준 사람, 요리 중 겪은 문제 경험 등이 자주 출제됩니다.

요리	일반	가장 요리하기 좋아하는 음식과 이유, 요리 과정 묘사
		좋아하는 요리 도구
	과거	요리에 관심을 가지게 된 계기와 가르쳐 준 사람
		요리 중 겪은 문제 경험
		특별한 식사를 준비한 경험
	비교	우리나라와 다른 나라 요리 비교
	요리 프로그램	좋아하는 요리 프로그램
		요리 프로그램을 보게 된 계기

01 In your background survey, you indicated that you like to cook. What is your favorite food to cook? Why do you like to make it? Please explain how you make it in detail.

배경 설문에서 당신은 요리하기를 좋아한다고 했습니다. 요리하기 가장 좋아하는 음식은 무엇인가요? 왜 그것을 요리하는 것을 좋아하나요? 어떻게 요리하는지 자세히 설명해주세요.

02 How did you become interested in cooking? When was it? How did you learn to cook? Who taught you how to cook?

어떻게 요리하는데 관심을 가지게 되었나요? 언제였나요? 어떻게 요리를 배웠나요? 누가 요리하는 방법을 가르쳐 주었나요?

03 Tell me about an unexpected experience you had while cooking. What happened? How did you deal with the situation? How did it end? Give me all the details.

요리를 하던 중에 겪은 예상치 못한 경험에 대해 말해주세요. 어떤 일이 있었나요? 그 상황을 어떻게 해결했나요? 어떻게 끝났나요? 자세히 말해주세요.

How did you become interested in cooking? When was it? How did you learn to cook? Who taught you how to cook?

어떻게 요리하는데 관심을 가지게 되었나요? 언제였나요? 어떻게 요리를 배웠나요? 누가 요리하는 방법을 가르쳐 주었나요?

질문 키워드	how / interested / cooking / when / how / learn / who / taught / how / cook
답변 키워드	요리하기에 관심 갖게 된 계기(how ~ interested in cooking)에 대해 묻는 질문이다. 답변은 요리에 관심 갖게 된 시기 소개(when)와 요리를 배운 계기 묘사로 배운 곳 소개(who taught)와 배우게 된 배경, 그리고 배운 이유를 답하고 요리를 배운 과정(how ~ learn)은 한 일과 결과, 그리고 그 후로 나에게 미친 영향을 답한다. 마지막으로 요리하기에 대한 개인적인 생각/느낌을 답한 후 마무리 문장으로 답변을 마무리하도록 한다.

STORY TELLING 답변 연습

요리에 관심을 갖게 된 시기 소개		became interested in ~ → recently	✏
요리를 배운 계기 묘사	**배운 곳 소개**	from a TV show	✏
	배우게 된 배경	A famous chef on the show → cooking	✏
	배운 이유	looked → very easy and useful for daily meals	✏
		he used simple ingredients → always have in the fridge	✏
요리를 배운 과정	**한 일**	followed his recipes that day	✏
	결과	turned out great	✏
	그 후로 나에게 미친 영향	Since then, → became interested in cooking	✏
요리하기에 대한 개인적인 생각/느낌		really fun and enjoyable	✏
마무리		about how I became interested in cooking	✏

EXPRESSIONS 답변 핵심 표현

* become interested in cooking 요리에 관심을 가지다
* tv show 텔레비전 프로그램
* famous chef on the show 텔레비전 쇼의 유명한 요리사
* look easy and useful 쉽고 유용해 보이다
* fun and enjoyable 재미있고 즐거운
* learn how to cook from ~ 요리하는 방법을 ~에서 배우다

* daily meals 하루 세끼 식사, 일상식
* use simple ingredient 간단한 음식재료를 사용하다
* always have in the fridge 냉장고에 항상 가지고 있는
* follow his recipes that day 그 날, 그의 요리법을 따라하다
* turn out great 일이 잘 되다, 좋게 나오다

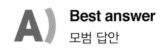

A) Best answer
모범 답안

주제/소개	요리에 관심 갖게 된 시기 소개		I became interested in cooking <u>recently</u>. 저는 최근에 요리에 관심이 생겼습니다.
답변 전개	요리를 배운 계기 묘사	**배운 곳 소개**	And I learned how to cook from <u>a TV show</u>. 그리고 저는 TV 프로그램에서 요리하는 방법을 배웠습니다.
		배우게 된 배경	A famous chef on the show was cooking. 그 TV 프로그램의 유명한 요리사가 요리를 하고 있었습니다.
		배운 이유	And it looked <u>very easy and useful for daily meals</u>. 그리고 그것은 매우 쉽고 일상식에 유용해 보였습니다.
			And mostly, he used simple ingredients we always have in the fridge. 그리고 대부분, 그는 우리가 항상 냉장고에 가지고 있는 간단한 식재료들을 사용했습니다.
	요리를 배운 과정	**한 일**	So, I followed <u>his</u> recipes <u>that day</u>. 그래서 저는 그날 그의 요리법을 따라 했습니다.
		결과	And it turned out great. 그리고 음식이 굉장히 맛있게 되었습니다.
		그 후로 나에게 미친 영향	Since then, I became interested in cooking. 그 이후로, 저는 요리에 관심이 생겼습니다.
	요리하기에 대한 개인적인 생각/느낌		I think cooking is really fun and enjoyable. 제 생각에 요리는 굉장히 재미있고 즐거운 것 같습니다.
마무리			Anyway, that's all I can think of about how I became interested in cooking. Thanks. 이 정도가 제가 요리하기에 관심 갖게 된 것에 대해 생각나는 전부입니다. 감사합니다.

SENTENCES 답변 핵심 문장

1 제가 요리에 관심을 갖기 시작한 것은 ~입니다. → **I became interested in cooking + 시기.**
I became interested in cooking a long time ago. 제가 요리에 관심을 갖기 시작한 것은 굉장히 오래되었습니다.

2 저는 ~로부터 요리하는 방법을 배웠습니다. → **I learned how to cook from + 배운 장소나 사람.**
I learned how to cook from my mom. 저는 엄마에게 요리하는 방법을 배웠습니다.
I learned how to cook from an online blog. 저는 온라인 블로그에서 요리하는 방법을 배웠습니다.
cf. I learned how to cook by myself. 저는 요리하는 방법을 스스로 배웠습니다.

3 그것은 ~하게 보였습니다. → **It looked + 형용사.**
It looked tasty and awesome. 그것은 맛있고 멋져 보였습니다.
It looked interesting and fun. 그것은 흥미롭고 재미있어 보였습니다.

4 그래서 저는 ~을 위해 ~의 요리법을 따라 했습니다. → **So, I followed + 소유격이나 관사 또는 출처 recipes + 시기나 목적.**
So, I followed online recipes for a dinner party. 그래서 저는 저녁 파티를 위해 온라인 요리법을 따라했습니다.

Unit 27 교통

"교통" 주제는 Background Survey에는 없으나 자주 출제되는 돌발주제 중 하나입니다. 교통수단과 함께 대중교통과 관련된 여러 가지 유형의 문제가 출제됩니다. 또한, 출장이나 여행 주제와 관련되어 롤플레이 문제로 출제되기도 합니다.

[빈출 문제] "교통" 주제는 우리나라의 대중교통, 본인이 이용하는 교통수단, 과거 사람들의 교통수단, 그리고 대중교통 이용 시 겪었던 문제 등이 자주 출제됩니다.

요리	의견	대중교통의 장단점
		대중교통의 이용 시 주의할 점
	개인경험	본인이 이용하는 교통수단
		국내 여행시 이용하는 교통수단
		대중교통 이용 시 겪었던 문제
	현황	우리나라의 대중교통
		사람들이 많이 이용하는 대중교통
		과거 사람들의 교통수단
		과거와 현재의 교통 수단 변화
		대중교통의 발달

01 What means of transportation do you use to get around? Do you drive or take public transportation? Tell me about it in as much detail as possible.

당신은 이동하기 위해 어떤 교통 수단을 이용하나요? 운전을 하나요, 혹은 대중교통을 이용하나요? 자세히 말해 주세요.

02 How did people use to get around in your country? How did you travel when you were a child? Were there different types of transportation back then? How has public transportation in your country changed since you were young?

당신 나라의 사람들은 어떻게 이동하곤 했나요? 당신은 어렸을 때 어떻게 이동했나요? 그 당시에 다른 종류의 교통편이 있었나요? 어렸을 때부터 당신 나라의 대중교통은 어떻게 변했나요?

03 Tell me about any problem that you once faced while using public transportation. What happened and how did you deal with the situation?

대중교통을 이용하면서 겪은 문제에 대해 말해 주세요. 어떤 일이 있었나요? 어떻게 그 상황을 해결했나요?

과거 우리나라 사람들의 이동 방법과 교통수단의 변화

IM-Unit27.mp3

Q) How did people use to get around in your country? How did you travel when you were a child? Were there different types of transportation back then? How has public transportation in your country changed since you were young?

당신 나라의 사람들은 어떻게 이동하곤 했나요? 당신은 어렸을 때 어떻게 이동했나요? 그 당시에 다른 종류의 교통편이 있었나요? 어렸을 때부터 당신 나라의 대중교통은 어떻게 변했나요?

질문 키워드	how / people / get around / country / how / you / travel / child / different / back then / how / public transportation / changed
답변 키워드	과거 우리나라 사람들의 이동 방법(how people~get around in your country)과 교통수단의 변화(how ~public transportation~changed)에 대해 묻는 질문이다. 답변은 나와 과거 사람들의 이동 방법 소개 (how~people/you get around~child) 후 과거 대중교통 묘사와 차이점(different~back then)으로 과거의 대중 교통, 차이점/단점, 그리고 단점이 사람들에게 미친 영향을 답한다. 그리고 현재 대중교통 변화/ 차이점 묘사(how~public transportation~changed)로 변화 소개 및 변화가 사람들에게 미친 영향을 답하고 과거 대중교통에 대한 개인적인 생각과 마무리 문장으로 답변을 마무리하도록 한다. 주의할 점은, 과거형과 현재형 시제를 정확하게 구사하는 것과 변화에 대한 답변 시 가능하면 비교급을 사용하는 것이다.

STORY TELLING 답변 연습

과거 나와 사람들의 이동 방법 소개	나의 이동 방법	When I was a child, → traveled by public transportation	🖉
	사람들의 이동 방법	most people → did the same thing	🖉
과거 대중교통 묘사와 차이점	과거의 대중교통	Back then, → wasn't well-developed yet	🖉
	차이점/단점	only a few lines for subways and buses	🖉
	단점이 사람들에게 미친 영향	had to transfer more often → get their destination	🖉
현재 대중교통 변화/차이점 묘사	변화 소개	But now, → has developed a lot	🖉
	변화가 사람에게 미친 영향	get around more conveniently	🖉
과거 대중교통에 대한 개인적인 생각		very difficult and inconvenient	🖉
마무리		about how transportation has changed	🖉

EXPRESSIONS 답변 핵심 표현

- most people 　　대부분의 사람들
- do the same thing 　　똑 같은 일을 하다
- well-developed 　　잘 발달한
- travel by public transportation 　　대중교통으로 이동하다
- only a few lines 　　오직 몇 개의 노선

- transfer more often 　　더 자주 갈아타다
- get around 　　이동하다, 돌아다니다
- get one's destination 　　~의 목적지에 도착하다
- more conveniently 　　더 편리하게
- difficult and inconvenient 　　어렵고 불편한

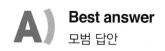

A) Best answer
모범 답안

주제/소개	과거 나와 사람들의 이동 방법 소개	나의 이동 방법	When I was a child, I usually traveled by <u>public transportation</u>. 제가 어렸을 때, 저는 주로 대중교통으로 이동했습니다.
		사람들의 이동 방법	I think most people <u>did the same thing</u>. 저는 대부분의 사람들도 똑같이 했다고 생각합니다.
답변 전개	과거 대중교통 묘사와 차이점	과거의 대중교통	Back then, public transportation <u>wasn't well-developed yet</u>. 그 당시에는, 대중교통이 아직 발달되지 않았었습니다.
		차이점/단점	There were <u>only a few lines for subways and buses</u>. 지하철과 버스의 노선이 몇 개밖에 없었습니다.
		단점이 사람들에게 미친 영향	So, people had to transfer more often to get to their destination. 그래서 사람들은 목적지에 가기 위해 더 여러 번 갈아타야만 했습니다.
	현재 대중교통 변화/차이점 묘사	변화 소개	But now, public transportation <u>has developed a lot</u>. 그러나 지금, 대중교통은 많이 발달했습니다.
		변화가 사람들에게 미친 영향	So, people now can get around more conveniently. 그래서 지금 사람들은 더 편리하게 이동할 수 있습니다.
	과거 대중교통에 대한 개인적인 생각		I think public transportation in the past was very difficult and inconvenient. 제 생각에, 과거의 대중교통은 굉장히 어렵고 불편했던 것 같습니다.
마무리			Anyway, that's all I can think of about how transportation has changed. Thanks. 이 정도가 교통수단의 변화에 대해 생각나는 전부입니다. 감사합니다.

SENTENCES 답변 핵심 문장

1 제가 어렸을 때, 저는 주로 ~로 이동했습니다. → **When I was a child, I usually travelled by +** <u>어릴 적 나의 이동 수단</u>.
When I was a child, I usually traveled by the bus or the subway.
제가 어렸을 때, 저는 주로 버스나 지하철로 이동했습니다.

2 저는 대부분의 사람들도 ~ 생각합니다. → **I think most people +** <u>과거 사람들의 주요 이동 수단</u>.
I think most people used public transportation as well. 저는 대부분의 사람들도 대중교통을 이용했다고 생각합니다.
I think most people drove their own cars. 저는 대부분의 사람들도 그들의 차를 운전했다고 생각합니다.

3 그 당시에는, 대중교통이 ~이었습니다. → **Back then, public transportation +** <u>과거 대중교통 소개</u>.
Back then, public transportation wasn't well-organized yet. 그 당시에는, 대중교통이 아직 잘 정비되어 있지 않았습니다.

4 ~가 있었습니다. → **There were +** 대중교통 설명.
There were fewer kinds of buses. 버스 종류들도 적었었습니다.
There was less traffic on the road. 도로에는 차가 덜 막혔습니다.
cf. less "더 적게" 란 뜻

5 그러나 지금, 대중교통은 ~ 했습니다. → **But now, public transportation +** <u>현재 대중교통의 변화나 발전</u>.
But now, public transportation has gotten better organized. 그러나 지금, 대중교통은 더 잘 조직화되었습니다.

Unit 28 명절/모임

"명절"과 "모임" 주제는 Background Survey에는 없으나 자주 출제되는 돌발주제 중 하나이며, 다양한 주제들과 함께 연관되어 출제됩니다.

[빈출 문제] "명절" 주제는 우리나라의 명절의 종류와 하는 일, 명절에 하는 활동, 기억에 남는 명절, 그리고 과거의 명절과 오늘날의 명절 비교 등이 자주 출제됩니다. "모임" 주제는 우리나라 사람들이 갖는 모임의 종류와 하는 일, 최근 참석한 모임 경험, 그리고 기억에 남는 모임 등이 자주 출제됩니다.

명절	일반	우리나라 명절 종류와 하는 일
		명절에 하는 활동
		명절을 보내는 방법
	경험	기억에 남는 명절
		최근에 보낸 명절
		어릴 적 명절 기억
	비교	과거의 명절과 오늘날의 명절 비교
모임	일반	사람들이 주로 모임을 하는 장소
		우리나라 사람들이 갖는 모임의 종류와 하는 일
	경험	기억에 남는 모임
		최근 참석한 모임 경험
		모임을 준비한 경험
	비교와 이슈	어렸을 때 모임과 현재의 모임 비교
		소도시와 대도시 사람들의 모임 비교
		모임을 할 때 사람들이 고려하는 요소

01 Tell me about the biggest holiday in your country. What do people do to celebrate the holiday? Where and how do people typically celebrate?

당신의 나라에서 가장 큰 명절에 대해 말해주세요. 명절을 기념하기 위해 사람들은 무엇을 하나요? 주로 어디에서 어떻게 기념하나요?

02 Talk about a special holiday memory from your childhood. Where were you? What did it look like? What made the memory so special? Tell me everything that you remember.

어릴 적 특별한 휴일/명절의 기억에 대해 말해주세요. 어디에 있었나요? 그 장소는 어땠나요? 왜 특별한가요? 기억하는 것 모두 말해주세요.

03 How have holidays in your country changed over the years? Are they different now from when you were a child? Tell me about what has changed in as much detail as possible.

당신 나라의 명절/휴일은 지난 몇 년 동안 어떻게 변했나요? 지금 명절/휴일은 당신이 어렸을 때와는 다른가요? 무엇이 변했는지 가능한 자세히 말해주세요.

우리나라의 가장 큰 명절

 Tell me about the biggest holiday in your country. What do people do to celebrate the holiday? Where and how do people typically celebrate?

당신의 나라에서 가장 큰 명절에 대해 말해주세요. 명절을 기념하기 위해 사람들은 무엇을 하나요? 주로 어디에서 어떻게 기념하나요?

질문 키워드	biggest holidays / in your country / what / people / do / where / how / celebrate
답변 키워드	우리나라의 가장 큰 명절(the biggest holiday in your country)에 대해 묻는 질문이다. 답변은 우리나라의 가장 큰 명절 소개를 하고 우리나라 사람들의 명절 기념(people typically celebrate)에 대해 장소(where)와 방법(how), 그리고 사람들이 명절을 기념하기 위해 하는 일(what ~ people do ~ celebrate the holiday)을 답하고 요즘 사람들의 명절 기념 방식 변화에 대한 개인적인 생각과 마무리 문장으로 답변을 마무리하도록 한다. 주의할 점은, 사람들의 전형적인 기념 방식을 답변의 내용으로 하여 people, they 등의 복수 주어로 답하는 것이다.

STORY TELLING 답변 연습

우리나라의 가장 큰 명절 소개		Lunar New Year	✎
		called 설날	✎
우리나라 사람들의 명절 기념	장소	people → return to their grandparents' house	✎
	같이 기념하는 사람	celebrate it → with all their family	✎
	하는 일 1. 음식	make → Korean traditional food → enjoy it together	✎
		While they eat, → catch up on each other's lives	✎
	하는 일 2. 놀이	play → Korean traditional games	✎
	하는 일 3. 행사	visit → their ancestors' graves	✎
요즘 사람들의 명절 기념 방식 변화에 대한 개인적인 생각		the way people celebrate → changing these days	✎
		But personally, → follow tradition	✎
마무리		about the biggest holiday in my country	✎

EXPRESSIONS 답변 핵심 표현

- Lunar New Year — 구정, 음력설
- be called ~ — ~로 불리다
- return to ~ — ~로 돌아가다
- celebrate it with ~ — ~와 함께 기념하다
- change — 변하다
- follow tradition — 전통을 따르다

- the biggest holiday in Korea — 한국에서 가장 큰 명절
- make Korean traditional food — 한국 전통 음식을 만들다
- catch up on each other's lives — 서로의 삶에 대한 밀린 이야기하다
- play Korean traditional games — 한국 전통 게임을 하다
- visit their ancestors' graves — 조상의 묘를 방문하다
- the way people celebrate — 사람들이 기념하는 방식

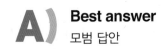

A) Best answer
모범 답안

주제/소개	우리나라의 가장 큰 명절 소개		The biggest holiday in Korea is <u>Lunar New Year</u>. 한국에서 가장 큰 명절은 구정입니다.
			And it is called 설날. 그리고 그것은 설날이라고 불립니다.
답변 전개	우리나라 사람들의 명절 기념	장소	People usually <u>return to their grandparents' house</u>. 사람들은 주로 조부모님 댁으로 (돌아)갑니다.
		같이 기념하는 사람	And they celebrate it with <u>all their family</u>. 그리고 그들은 그들의 모든 가족과 함께 그것을 기념합니다.
		하는 일 1. 음식	They make <u>Korean traditional food</u> and enjoy it together. 그들은 한국 전통음식을 만들어 함께 즐깁니다.
			While they eat, they catch up on each other's lives. 그들은 먹는 동안, 서로의 삶의 밀린 이야기들을 나눕니다.
		하는 일 2. 놀이	And also, they <u>play Korean traditional games</u>. 그리고 또한, 그들은 한국 전통 게임을 합니다.
		하는 일 3. 행사	On top of that, they <u>visit their ancestors' graves</u>. 그뿐만 아니라, 그들은 그들 조상의 묘를 방문합니다.
	요즘 사람들의 명절 기념 방식 변화에 대한 개인적인 생각		I think the way people celebrate is changing these days. 제 생각에는 요즘에는 사람들의 기념 방식이 바뀌고 있는 것 같습니다.
			But personally, I like to follow tradition. 그러나 개인적으로, 저는 전통을 따르는 것을 좋아합니다.
마무리			Anyway, that's all I can think of about the biggest holiday in my country. Thanks. 이 정도가 제가 우리나라의 가장 큰 명절에 대해 생각나는 전부입니다. 감사합니다.

SENTENCES 답변 핵심 문장

① 한국에서 가장 큰 명절은 ~입니다. → **The biggest holiday in Korea is + 명절.**
The biggest holiday in Korea is Korean thanksgiving. 한국에서 가장 큰 명절은 한국의 추수감사절(추석)입니다.

② 사람들은 주로 ~를 갑니다. → **People usually + 명절을 보내는 장소.**
People usually visit their parents' house. 사람들은 주고 그들의 부모님 집에 방문합니다.
People usually get together at the eldest son's house. 사람들은 보통 장남의 집에 모입니다.

③ 그들은 ~와 함께 그것을 기념합니다. → **They celebrate it with + 명절을 함께 기념하는 사람.**
They celebrate it with all their relatives. 그들은 그들의 친척들과 함께 그것을 기념합니다.

④ 그들은 ~을 만들어 함께 즐깁니다. → **They make + 명절 음식 food and enjoy it together.**
They make rice cakes and enjoy them together. 그들은 떡을 만들어 함께 즐깁니다.

⑤ 그들은 ~을 합니다. → **They + 명절에 하는 일.**
They play yut on New Year's Day. 그들은 설날에 윷놀이를 합니다.
They hold a memorial service for their ancestors. 그들은 조상에게 제사를 지냅니다.

Unit 29 약속/예약

"약속/예약" 주제는 Background Survey에는 없으나 자주 출제되는 돌발주제 중 하나입니다. 이 주제는 문제에 appointment 로 출제되며, 사람과 만나기 위한 약속과 더불어 병원이나 치과, 미용실 등과 같은 장소나 기관의 전문가인 의사나 미용사 혹은 상담사 등과의 만남을 예약하는 것 또한 의미에 포함됩니다.

[빈출 문제] "약속/예약" 주제는 내가 주로 하는 약속/예약과 장소, 어릴 적 기억에 남는 예약, 인상 깊었던 약속 경험, 그리고 약속을 지키기 못했던 경험 등의 문제가 자주 출제됩니다.		
약속/예약	일반	내가 주로 약속/예약하는 사람/종류/장소 묘사
		약속을 하고 만나서 주로 하는 일
		친구들과 약속을 잡은 장소
		약속/예약을 하는 방법과 과정 묘사
		약속할 때 고려하는 사항
	과거	최근에 한 약속
		어렸을 때 주로 하던 약속
		어릴 적 기억에 남는 예약
		인상 깊었던 약속 경험
		기억에 남는 친구들과의 약속
		약속을 지키지 못했던 경험

01 What kinds of appointments do you usually make? Who do you usually make appointments with? Where do you meet? Tell me about it in as much detail as possible.

당신은 어떤 종류의 약속을 주로 하나요? 누구와 주로 약속을 하나요? 어디에서 만나나요? 자세히 말해 주세요.

02 Tell me about an appointment you remember from your childhood. Maybe you visited a doctor, the dentist, or a new school. Tell me about the place you went to for this appointment. What were your impressions? How did you feel?

어린 시절부터 기억나는 약속에 대해 말해주세요. 아마도 당신은 의사, 치과 의사, 또는 새로운 학교를 방문했을 수도 있습니다. 이 약속 장소에 대해 말씀해 주세요. 어떤 인상을 받았나요? 기분은 어땠나요?

❙03 Have you experienced a situation in which you had to cancel an appointment due to an unexpected matter? What exactly happened and how did you deal with the situation? Tell me about it in as much detail as possible.

예상하지 못한 문제로 인해 약속을 취소해야만 했던 경험이 있나요? 정확히 어떤 일이 있었나요? 어떻게 그 상황을 해결했나요? 자세히 말해주세요.

Q) Have you experienced a situation in which you had to cancel an appointment due to an unexpected matter? What exactly happened and how did you deal with the situation? Tell me about it in as much detail as possible.

예상하지 못한 문제로 인해 약속을 취소해야만 했던 경험이 있나요? 정확히 어떤 일이 있었나요? 어떻게 그 상황을 해결했나요? 자세히 말해주세요.

질문 키워드	experienced / cancel / appointment / unexpected / what / happened / how / deal
답변 키워드	약속을 취소해야만 했던 경험(experienced ~ had to cancel an appointment)에 대해 묻는 질문이다. 답변은 약속을 취소해야만 했던 경험 유무 언급(have ~experienced)을 답하고 약속을 취소해야만 했던 경험 상황 소개로 시기, 약속과 사람을 답한다. 약속을 취소해야만 했던 경험 묘사는 예상치 못하게 일어난 일(what ~ happened ~unexpected)과 약속 취소 이유(unexpected matter), 해결을 위해 한 일(how ~ deal)과 결말을 답하고 그 당시에 느꼈던 기분과 마무리 문장으로 답변을 마무리하도록 한다. 주의할 점은, 질문에 근거하여 경험 유무를 yes/no로 언급하는 것과 과거형 시제로 답변하는 것이다.

STORY TELLING 답변 연습

약속을 취소해야만 했던 경험 유무 언급		Yes, actually, I have ~	✎
약속을 취소해야만 했던 경험 상황 소개	시기, 약속과 사람	A few weeks ago, → supposed to go to see a movie → with my friend	✎
약속을 취소해야만 했던 경험 묘사	예상치 못하게 일어난 일	But, → when I was just about to leave my house, → my boss called me	✎
	약속 취소 이유	he said → had to come to the office right away	✎
		a problem with our project.	✎
	해결을 위해 한 일	called my friend → reschedule and apologized	✎
	결말	went to the office immediately	✎
당시에 느꼈던 기분		felt really sorry for my friend	✎
마무리		about a time I canceled an appointment	✎

EXPRESSIONS 답변 핵심 표현

• be supposed to ~	~하기로 되어있다	• call	전화하다
• go to see a movie	영화를 보러 가다	• a few weeks ago	몇 주 전에
• just about to leave	막 떠나려던, 나가려던 참이다	• with my friend	친구와 함께
• reschedule	일정을 조정하다, 조율하다	• have to ~	~ 해야만 하다
• come to the office right away	즉시 사무실로 와야 하다	• a problem with ~	~의 문제
• feel really sorry for ~	~에게 미안함을 느끼다	• apologize	사과하다

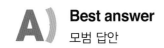

A) Best answer
모범 답안

주제/소개	약속을 취소해야만 했던 경험 유무 언급		Yes, actually, I have this kind of experience. 네, 사실 저도 이런 경험이 있습니다.
답변 전개	약속을 취소해야만 했던 경험 상황 소개	시기, 약속과 사람	A few weeks ago, I was supposed to <u>go to see a movie</u> with <u>my friend</u>. 몇 주 전에, 저는 제 친구와 영화를 보러 가기로 되어있었습니다.
	약속을 취소해야만 했던 경험 묘사	예상치 못하게 일어난 일	But when I was just about to leave my house, <u>my boss called me</u>. 그런데 제가 막 집을 나가려고 할 때, 저의 상사가 저에게 전화를 했습니다.
		약속 취소 이유	And he said I had to come to the office right away. 그리고 그는 제가 바로 사무실로 와야만 한다고 말했습니다.
			Because there was a problem with our project. 왜냐하면 저희의 프로젝트에 문제가 있었기 때문이었습니다.
		해결을 위해 한 일	So, I called <u>my friend</u> to reschedule and apologized. 그래서 저는 친구에게 전화를 걸어 일정을 다시 잡고 사과했습니다.
		결말	After that, I went to the office immediately. 그 후, 저는 즉시 사무실로 갔습니다.
	당시에 느꼈던 기분		But, I felt really sorry for <u>my friend</u>. 그러나 저는 제 친구에게 정말 미안함을 느꼈습니다.
마무리			Anyway, that's all I can remember about a time I canceled an appointment. Thanks. 이 정도가 제가 약속을 취소했던 적에 대해 기억나는 전부입니다. 감사합니다.

SENTENCES 답변 핵심 문장

1. **～에, 저는 ～와 ～하기로 되어있었습니다.**
   → <u>시기</u>, **I was supposed to + 하려던 일(동사원형) with + 만나기로 했던 사람.**
   A couple of months ago, I was supposed to go to a park with my mom.
   몇 주 전에, 저는 저희 엄마와 공원에 가기로 되어있었습니다.

2. **그런데 제가 막 집을 나가려고 할 때, ～했습니다.** → **But when I just about to leave my house, + 일어난 일(주어+과거 동사).**
   But when I was just about to leave my house, my office messaged me.
   그런데 제가 막 집을 나가려고 할 때, 저희 회사에서 저에게 메시지를 보냈습니다.
   But when I was just about to leave my house, I felt really sick all of a sudden.
   그런데 제가 막 집을 나가려고 할 때, 갑자기 아팠습니다.

3. **그래서 저는 ～에게 전화를 걸어 일정을 다시 잡고 사과했습니다.**
   → **So, I called + 만나려던 사람 to reschedule and apologized.**
   So, I called my mom to reschedule and apologized.
   그래서 저는 저희 엄마에게 전화를 걸어 일정을 다시 잡고 사과했습니다.

4. **그러나 저는 ～에게 정말 미안함을 느꼈습니다.** → **But, I felt really sorry for + 사람.**
   But, I felt really sorry for my mom. 그러나 저는 저희 엄마에게 정말 미안함을 느꼈습니다.

Unit 30 전화 통화

"전화" 주제는 Background Survey에는 없으나 자주 출제되는 돌발주제 중 하나입니다. 이 주제는 가족, 친구, 업무, 모임 등과 연관되어 출제되기도 합니다.

[빈출 문제] "전화 통화"는 전화 통화를 하는 나의 평소 습관/경향, 친구들과 전화 통화 대화 주제, 그리고 기억에 남는 전화 통화 등의 문제가 자주 출제됩니다.		

전화 통화	일반	전화 통화를 하는 평소 습관/경향
		친구들과 전화 통화 대화 주제
	과거	최근 전화 통화
		기억에 남는 전화 통화
	비교/이슈	문제 메시지와 통화 중 선호하는 것
		휴대전화 사용이 생활에 미치는 영향

01 I'd like to know about the phone calls that you make. What kinds of things do you usually talk about with your friends over the phone? How frequently do you talk and for how long?

당신이 하는 전화 통화에 대해 알고 싶습니다. 전화로 친구와 어떤 종류의 이야기를 주로 나누나요? 얼마나 자주 이야기를 하나요? 또 얼마나 오래 하나요?

02 Tell me about your routine on the phone. When and where do you talk on the phone most often? How long do you talk for? Who do you usually talk with?

당신의 전화 통화 일상을 말해주세요. 언제 어디서 전화 통화를 가장 많이 하나요? 얼마나 오래 통화하나요? 누구와 주로 통화하나요?

03 Tell me about a memorable phone conversation you have had. Maybe you got some exciting news from a friend or family member. Maybe you had a funny situation happen while you were talking on the phone. Why was this conversation so memorable? Tell me all the details.

기억에 남는 전화 통화에 대해 말해주세요. 아마도 당신은 친구나 가족에게서 흥미로운 소식을 받았을 수도 있습니다. 아마도 당신은 전화 통화를 하는 동안 재미있는 일이 일어났을 수도 있습니다. 왜 이 대화가 기억에 남나요? 자세히 말해주세요.

I'd like to know about the phone calls that you make. What kinds of things do you usually talk about with your friends over the phone? How frequently do you talk and for how long?

당신이 하는 전화 통화에 대해 알고 싶습니다. 전화로 친구와 어떤 종류의 이야기를 주로 나누나요? 얼마나 자주 이야기를 하나요? 또 얼마나 오래 하나요?

질문 키워드	phone calls / what kinds of things / talk about / friends / over / phone / how frequently / talk / how long
답변 키워드	친구들과 하는 전화 통화의 주제(what kinds of things ~ talk about ~ friends ~ over the phone)에 대해 묻고 있다. 답변은 친구들과 하는 전화 통화의 주제 종류 소개를 답하고 친구들과 하는 전화 통화 경향으로 통화 길이/시간(how long)과 통화 주제들, 그리고 통화 시 하는 일을 답한다. 요즘 전화 통화 빈도 (how frequently)와 이유를 답하고 마무리 문장으로 답변을 마무리하도록 한다. 주의할 점은 현재 시제로 답하는 것이다.

STORY TELLING 답변 연습

친구들과 하는 전화 통화의 주제 종류 소개		talk about lots of things → with my friends over the phone	✎
친구들과 하는 전화 통화 경향	통화 길이/시간	When we talk, → a long or a short time	✎
		It depends on → the topic and the situation	✎
	주요 통화 주제들	mostly talk about → our daily lives, or work, or relationships	✎
	가끔 하는 주제들	Sometimes, → serious issues	✎
	통화 시 하는 일	give each other advice	✎
	그 외 통화 주제	Other than that, → just make plans to meet up	✎
당시에 느꼈던 기분	빈도	But these days, → do not talk on the phone → that often	✎
	이유	use Kakaotalk to chat instead	✎
마무리		about phone calls I make	✎

EXPRESSIONS 답변 핵심 표현

- talk about ~   ~에 대해 이야기하다
- with my friends over the phone   친구들과 전화로
- for a long or a short time   길거나 짧게
- depends on ~   ~ 에 따라 다르다
- the topic and the situation   주제와 상황
- daily lives, or work, or relationships   일상, 또는 일, 또는 관계들

- serious issues   심각한 문제들
- give each other advice   서로에게 조언을 주다
- make plans to meet up   만날 계획을 세우다
- do not talk on the phone   통화를 하지 않는다
- that often   그렇게 자주
- use ~ instead   ~을 대신 사용하다

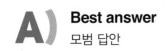

A) Best answer
모범 답안

주제/소개	친구들과 하는 전화 통화의 주제 종류 소개		I usually talk about <u>lots of things</u> with my friends over the phone. 저는 주로 친구들과 전화로 많은 것들에 대해 이야기를 합니다.
답변 전개	친구들과 하는 전화 통화 경향	통화 길이/시간	When we talk, we talk for <u>a long or a short time</u>. 저희가 통화할 때, 저희는 길게 또는 짧게 합니다.
			It depends on the topic and the situation. 그것은 주제나 상황에 따라 다릅니다.
		주요 통화 주제들	And we mostly talk about <u>our daily lives, or work, or relationships</u>. 그리고 저희는 대부분 우리의 일상, 또는 일, 또는 관계들에 대해 이야기합니다.
		가끔 하는 주제들	Sometimes, we also talk about serious issues. 가끔, 저희는 심각한 문제에 대해서도 이야기합니다.
		통화 시 하는 일	And we give each other advice. 그리고 저희는 서로에게 조언을 해줍니다.
		그 외 통화 주제	Other than that, we just make plans to <u>meet up</u>. 그 외에는, 저희는 그저 만나기 위한 계획들을 세웁니다.
	요즘 전화 통화 빈도	빈도	But these days, we do not talk on the phone that often. 그러나 요즘은, 저희는 통화를 그렇게 자주 하지 않습니다.
		이유	Because we use Kakaotalk to chat instead. 왜냐하면 저희는 대신 카카오톡을 사용해서 채팅을 하기 때문입니다.
마무리			Anyway, that's all I can think of about the phone calls I make. Thanks. 이 정도가 저의 전화 통화에 대해 생각나는 전부입니다. 감사합니다.

SENTENCES 답변 핵심 문장

1 저는 주로 친구들과 전화로 ~에 대해 이야기를 합니다.
→ **I usually talk about + 통화 주제 종류 with my friends over the phone.**
I usually talk about only personal things with my friend over the phone.
저는 주로 친구들과 그저 개인적인 것에 대한 이야기만 나눕니다.

2 저희가 통화할 때, 저희는 (시간) 동안 합니다. → **When we talk, we talk for + 통화 시간.**
When we talk, we talk for about an hour. 저희가 통화할 때, 저희는 1시간 정도 합니다.

3 그리고 저희는 대부분 ~들에 대해 이야기합니다. → **And we mostly talk about + 통화 주제.**
And we mostly talk about problems we have, or good news, or our health.
그리고 저희는 대부분 처한 문제들이나, 좋은 소식이나, 아니면 저희들의 건강에 대해 이야기합니다.

4 그 외에는, 저희는 그저 ~을 위한 계획들을 세웁니다. → **Other than that, we just make plans to + 활동(동사원형).**
Other than that, we just make plans to get together. 그 외에는, 저희는 그저 모이기 위한 계획들을 세웁니다.
Other than that, we just make plans to get drinks. 그 외에는, 저희는 그저 술 한잔할 계획들을 세웁니다.

Unit 31 테크놀로지/전화기

"테크놀로지/전화기" 주제는 Background Survey에는 없으나 자주 출제되는 돌발주제 중 하나입니다. 두 주제와 관련한 여러 가지 유형의 문제가 출제되며 휴대전화나 컴퓨터, MP3 player를 포함한 일반적인 전자기기와 가전제품 정도에 한하여 질문이 출제됩니다.

[빈출 문제] "테크놀로지" 주제는 우리나라 사람들이 일반적으로 가장 많이 사용하는 테크놀로지, 내가 매일 사용하는 테크놀로지, 새로운 테크놀로지 때문에 겪었던 문제, 그리고 테크놀로지로 인한 문제점 등이 자주 출제됩니다. "전화기" 주제는 휴대전화에서 가장 좋아하는 기능, 지금 사용하고 있는 휴대전화를 사용하게 된 계기와 이유, 처음 사용했던 휴대전화와 지금 사용하는 휴대전화 비교, 그리고 휴대전화 사용에 문제가 있었던 경험 등이 자주 출제되며 휴대전화 이용 방식 과거와 현재 비교, 휴대전화 과다사용으로 인한 부작용 등이 2콤보로 출제되고 있습니다.

전화기	일반	휴대전화에서 가장 좋아하는 기능
		전화 통화 외에 휴대전화로 하는 것
		휴대전화로 하는 게임 설명
	과거	지금 사용하고 있는 휴대전화를 사용하게 된 계기와 이유
		휴대전화 사용에 문제가 있었던 경험
	비교/이슈	처음 사용했던 휴대전화와 지금 사용하는 휴대전화 비교
		휴대전화 정보검색의 과거와 현재 비교
		휴대전화 이용 방식 과거와 현재 비교
		휴대전화 과다사용으로 인한 부작용
테크놀로지	일반	우리나라 사람들이 일반적으로 가장 많이 사용하는 테크놀로지
		내가 매일 사용하는 테크놀로지
		학교/직장/집에서 사용하는 테크놀로지
	계기	새로운 테크놀로지를 배우게 된 계기
		새로운 테크놀로지를 가르쳐준 사람
		새로운 테크놀로지 때문에 겪었던 문제
	비교/변화/이슈	과거와 현재의 테크놀로지의 변화
		테크놀로지로 인한 문제점

01 What kind of technology do people typically use in your country? Do people use computers, cell phones, or hand-held devices? What are some common forms of technology that people use?

당신 나라의 사람들은 보통 어떤 종류의 테크놀로지를 사용합니까? 사람들은 컴퓨터, 휴대폰, 또는 휴대용 기기를 사용하나요? 당신네 나라에서 사람들이 사용하는 일반적인 형태의 테크놀로지는 무엇입니까?

02 Technology has changed a lot over time. Tell me about a memory you have from childhood about technology. Maybe it could be a computer or a mobile phone. What was this technology like back then? How has it changed over time?

테크놀로지는 시간이 지나면서 많이 바뀌었습니다. 어릴 적 기억에 남는 테크놀로지에 대하여 말해주세요. 아마도 컴퓨터나 휴대폰일 수도 있습니다. 과거의 그 테크놀로지는 어땠나요? 시간이 지나면서 어떻게 변했나요?

03 Have you ever had any problem because of technology not working properly? Describe your technological problem in as much detail as possible.

테크놀로지가 제대로 작동하지 않아 문제가 일어났던 적이 있나요? 당신이 겪은 테크놀로지 문제에 대해 자세히 묘사해 주세요.

Have you ever had any problem because of technology not working properly? Describe your technological problem in as much detail as possible.

테크놀로지가 제대로 작동하지 않아 문제가 일어났던 적이 있나요? 당신이 겪은 테크놀로지 문제에 대해 자세히 묘사해 주세요.

질문 키워드	problem / technology / not / working / properly / technological problem
답변 키워드	테크놀로지가 제대로 작동하지 않아 겪었던 문제(problem ~ technology now working properly)에 대해 묻는 질문이다. 답변은 테크놀로지가 제대로 작동하지 않아 겪었던 문제 상황 소개로 시기, 상황, 장소와 분위기를 답한다. 그리고 테크놀로지가 제대로 작동하지 않아 겪었던 문제와 경험 묘사는 일어난 일, 해결을 위해 한 일과 발생한 문제, 그리고 결말을 답하고 이 문제에 대한 그 당시의 느낌과 마무리 문장으로 답변을 마무리하도록 한다. 주의할 점은 과거형 시제를 사용하는 것과 그 당시의 구체적인 상황 묘사는 과거 진행형으로 답변하는 것이다.

STORY TELLING   답변 연습

테크놀로지가 제대로 작동하지 않아 겪었던 문제 상황 소개	시기, 상황	Actually, one day, → listening to music → on my smartphone	✎
	장소	on the subway to go to work	✎
	분위기	packed and crowded → with lots of people	✎
테크놀로지가 제대로 작동하지 않아 겪었던 문제와 경험 묘사	일어난 일	But, all of a sudden, → bumped me accidentally	✎
	해결을 위해 한 일	dropped my phone	✎
	발생한 문제	picked up my phone immediately → checked it	✎
		But → not working → couldn't turn it on at all	✎
	결말	brought it to a repair shop → got it fixed	✎
이 문제에 대한 그 당시의 느낌		very inconvenient and annoying	✎
마무리		about a problem with technology	✎

EXPRESSIONS   답변 핵심 표현

- bump   ~에 부딪히다
- accidentally   뜻하지 않게, 잘못하여
- drop   떨어지다, 떨어뜨리다
- pick up   ~을 주워 올리다
- check it   그것을 확인하다
- get it fixed   고쳐지다

- not working   작동하지 않다
- turn it on   그것의 (전원을) 키다
- not at all   전혀 ~하지 않다
- bring it to a repair shop 수리점에 가지고 가다
- inconvenient and annoying 불편하고 짜증난
- listen to music on my smartphone 스마트폰으로 음악을 듣다

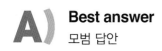

A) Best answer
모범 답안

주제/소개	테크놀로지가 제대로 작동하지 않아 겪었던 문제 상황 소개	시기, 상황	Actually, one day, I was <u>listening to music on my smartphone</u>. 사실, 어느 날, 저는 제 스마트폰으로 음악을 듣고 있던 중이었습니다.
		장소	I was on the subway to go to work. 저는 출근을 하려고 지하철에 타고 있었습니다.
		분위기	It was packed and crowded with lots of people. 그것은 많은 사람들로 꽉 차고 붐볐습니다.
답변 전개	테크놀로지가 제대로 작동하지 않아 겪었던 문제와 경험 묘사	일어난 일	But, all of a sudden, <u>one guy just bumped me</u> accidentally. 그런데 갑자기, 한 남자가 잘못하여 저에게 부딪쳤습니다.
			So, I dropped my phone. 그래서 저는 제 핸드폰을 떨어뜨렸습니다.
		해결을 위해 한 일	I picked up my phone immediately and checked it. 저는 즉시 제 핸드폰을 주웠고 확인을 했습니다.
		발생한 문제	But it was not working. 그러나 그것은 작동하지 않았습니다.
			I couldn't <u>turn it on at all</u>. 저는 아예 전원을 킬 수가 없었습니다.
		결말	So, I brought it to a repair shop and <u>got it fixed</u>. 그래서 저는 그것을 수리점에 가져갔고 수리를 받았습니다.
	이 문제에 대한 그 당시의 느낌		It was very inconvenient and annoying. 그것은 굉장히 불편하고 짜증 났었습니다.
마무리			Anyway, that's all I can remember about a problem with technology. Thanks. 이 정도가 제가 겪었던 테크놀로지 문제에 대해 기억나는 전부입니다. 감사합니다.

SENTENCES 답변 핵심 문장

① 사실, 어느 날, 저는 제 ~으로 ~을 하던 중이었습니다. → **Actually, one day, I was + 하던 일(동사ing) + 사용하던 기기.**
Actually, one day, I was studying on my tablet. 사실, 어느 날, 저는 제 태블릿pc로 공부를 하던 중이었습니다.

② 그런데 갑자기, 잘못하여 ~했습니다. → **But, all of a sudden, + 일어난 일 accidentally.**
But, all of a sudden, it slipped out of my hands accidentally. 그런데 갑자기, 잘못하여 제 손 밖으로 미끄러져 나갔습니다.

③ 그러나 그것은 작동하지 않았습니다. 저는 아예 ~을 할 수가 없었습니다.
→ **But it was not working. I couldn't + 할 수 없던 일(동사원형).**
But it was not working. I couldn't connect to the Wi-Fi at all.
그러나 그것은 작동하지 않았습니다. 저는 아예 와이파이를 연결할 수 없었습니다.

④ 그래서 저는 그것을 수리점에 가져갔고 ~을 했습니다.
→ **So, I brought it to a repair shop and + 수리점에서 한 일(과거동사).**
So, I brought it to a repair shop and they exchanged it for a new one.
그래서 저는 그것을 수리점에 가져갔고 그들은 새것으로 교환해 주었습니다.
So, I brought it to a repair shop and they exchanged it for a replacement.
그래서 저는 그것을 수리점에 가져갔고 그들은 대체품으로 교환해 주었습니다.

Unit 32 인터넷

"인터넷"과 관련한 주제는 Background Survey 항목에는 없으나, 자주 출제되는 돌발주제 중 하나입니다. 인터넷은 주제와 관련된 여러 가지 유형의 문제가 출제되며 인터넷으로 할 수 있는 일과 사용 기기 그리고 사회적인 현상 등과 관련되어 문제가 출제되고 있습니다.

[빈출 문제] "인터넷" 주제는 사람들이 인터넷으로 주로 하는 일들, 내가 인터넷으로 주로 하는 일들, 처음 인터넷 서핑 경험, 그리고 인터넷으로 본 것 중 기억에 남는 동영상이나 게시물 등이 자주 출제됩니다. 또한, 인터넷 이용 방법의 변화와 인터넷 사용에 관한 사람들의 걱정 등이 2콤보로 출제되고 있습니다.		

	일반	사람들이 인터넷으로 주로 하는 일들
		내가 인터넷으로 주로 하는 일들
		내가 가장 좋아하는 웹사이트와 이유
		내가 인터넷에서 보는 동영상 종류
	과거	처음 인터넷 서핑 경험
		프로젝트 시 인터넷 사용 경험
		인터넷으로 본 것 중 기억에 남는 것 묘사(동영상, 게시물 등)
인터넷		어제 인터넷으로 한 일
		최근에 방문한 웹사이트
	비교/변화/이슈	인터넷 이용 방법의 변화 비교
		내가 방문하던 과거와 현재의 웹사이트 비교
		인터넷 서핑의 과거와 현재 비교
		세대별 인터넷 사용의 차이
		인터넷 사용에 관한 사람들의 걱정
		인터넷 서핑을 할 때 겪는 어려움
		인터넷 보안 관련 이슈

01 What do you normally do on the internet? Where and when do you use it? What do you use it for? Tell me about everything that you do online.

당신은 주로 인터넷으로 무엇을 하나요? 어디서, 언제 사용하나요? 왜 사용하나요? 온라인으로 하는 것들에 대해 모두 말해주세요.

02 Tell me about your first experience surfing the internet. When did you use it for the first time? What did you do? How has your internet use changed over time?

처음 인터넷 검색을 하게 된 경험을 말해주세요. 언제 처음 사용하였나요? 무엇을 하였나요? 시간이 지나면서 인터넷 사용은 어떻게 변했나요?

03 We have all seen memorable things on the internet. What is something impressive, weird, funny or touching you remember seeing online? Why was it so memorable?

우리는 모두 인터넷에서 기억에 남는 것을 본 적이 있습니다. 온라인에서 본 기억이 있는 인상적이거나, 이상했거나, 웃겼거나 아니면 감동적인 것은 무엇인가요? 왜 기억에 남았나요?

인터넷에서 본 기억에 남는 게시물

 We have all seen memorable things on the internet. What is something impressive, weird, funny or touching you remember seeing online? Why was it so memorable?

우리는 모두 인터넷에서 기억에 남는 것을 본 적이 있습니다. 온라인에서 본 기억이 있는 인상적이거나, 이상했거나, 웃겼거나 아니면 감동적인 것은 무엇인가요? 왜 기억에 남았나요?

질문 키워드	memorable things / internet / what / remember / seeing / why / memorable
답변 키워드	인터넷에서 본 기억에 남는 게시물(memorable things ~ internet ~seeing)을 묻는 질문이다. 답변은 인터넷이서 본 기억에 남는 게시물 소개로 시기, 제목, 그리고 본 곳을 답하고 게시물을 보게 되었던 상황 소개로 보게 된 상황과 경로, 그리고 본 이유를 답한다. 인터넷에서 본 기억에 남는 게시물 묘사에 대해 자세히 답한 후 이 영상에 대한 느낌과 기억에 남는 이유를 이야기하고 마무리 문장으로 답변을 마무리하도록 한다. 주의할 점은, 과거의 내용은 과거 시제로, 과거의 특정한 상황 묘사는 과거 진행형을 사용하여 답하는 것이다.

STORY TELLING 답변 연습

인터넷에서 본 기억에 남는 게시물 소개	시기, 제목, 본 곳	Recently, → a Pengsoo video on YouTube	🖊
게시물을 보게 되었던 상황 소개	보게 된 상황과 경로	surfing online → funny ad popped up	🖊
	본 이유	looked cool, → clicked it to check it out	🖊
인터넷에서 본 기억에 남는 게시물 묘사		a video of a giant penguin → with a weird voice	🖊
		said → 10 years old	🖊
		also said → wants to be a universal superstar	🖊
		always says → what people wish to say	🖊
이 영상에 대한 느낌과 기억에 남는 이유		very impressive and funny	🖊
		That's why → very memorable	🖊
마무리		about a memorable thing I saw online	🖊

EXPRESSIONS 답변 핵심 표현

- watch a video on YouTube   유튜브에서 영상을 보다
- surf online   온라인으로 서핑하다
- funny ad(advertisement)   재미있는 광고
- pop up   불쑥 나타나다, 뜨다
- look cool   멋져 보이다

- click it to check it out   클릭해서 확인하다
- a video of ~   ~의 비디오
- want to be ~   ~가 되고 싶다
- wish to say   말하기를 원하다, 바라다, 소망하다
- impressive and funny   인상적이고 우스운

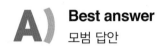

Best answer
모범 답안

주제/소개	인터넷에서 본 기억에 남는 게시물 소개	시기, 제목, 본 곳	Recently, I watched a Pengsoo video on YouTube. 최근에 저는 유튜브에서 펭수 영상을 봤습니다.
답변 전개	게시물을 보게 되었던 상황 소개	보게 된 상황과 경로	I was surfing online and a funny ad popped up. 저는 온라인 검색 중이었는데 웃긴 광고가 떴습니다.
		본 이유	It looked cool, so I clicked it to check it out. 멋있어 보여서 저는 클릭해서 확인을 했습니다.
	인터넷에서 본 기억에 남는 게시물 묘사		It was a video of a giant penguin with a weird voice. 그것은 이상한 목소리를 가진 거대한 펭귄의 영상이었습니다.
			He said he is 10 years old. 그는 그가 10살이라고 말했습니다.
			And he also said he wants to be a universal superstar. 그리고 그의 꿈은 세계적인 슈퍼스타가 되는 것입니다.
			On top of that, he always says what people wish to say. 게다가, 그는 항상 사람들이 하고 싶어 하는 말을 합니다.
	이 영상에 대한 느낌과 기억에 남는 이유		It was very impressive and funny. 그것은 정말 인상적이고 재미있었습니다.
			That's why it was very memorable. 그래서 그것이 정말 기억에 남습니다.
마무리			Anyway, that's all I can think of about a memorable thing I saw online. Thanks. 이 정도가 제가 온라인에서 본 기억에 남는 것에 대해 생각나는 전부입니다. 감사합니다.

SENTENCES 답변 핵심 문장

1 **최근에 저는 ~에서 ~을 봤습니다. → Recently, I watched + 본 영상이나 게시물 + 본 곳.**
   Recently, I watched an educational video online. 최근에 저는 온라인에서 교육용 영상을 봤습니다.
   Recently, I watched an inspirational video online. 최근에 저는 온라인에서 영감을 주는 영상을 봤습니다.

2 **그것은 ~ 영상이었습니다. → It was a video of/about + 영상의 내용이나 타이틀.**
   cf. video of ~의 영상 / video about ~에 관한 영상
   It was a video of an English lesson. 그것은 영어 수업의 영상이었습니다.
   It was a video about how to deal with stress. 그것은 스트레스 대처법에 관한 영상이었습니다.

3 **그것은 정말 ~이었습니다. 그래서 그것은 정말 기억에 남습니다.**
   → It was very + 느낌(형용사). That's why it was very memorable.
   It was very touching and humorous. That's why it was very memorable.
   그것은 정말 감동적이고 재미있었습니다. 그래서 그것이 정말 기억에 남습니다.
   It was very informative and interesting. That's why it was very memorable.
   그것은 정말 유익하고 흥미로웠습니다. 그래서 그것이 정말 기억에 남습니다.

Unit 33 SNS

"SNS에 글 올리기"는 선택주제 중 하나입니다. Background Survey에서 여가 활동 중 하나로 선택되며 관련된 문제들이 출제됩니다.

[빈출 문제] "SNS에 글 올리기"는 가장 좋아하는SNS와 이유, SNS에서 주로 하는 일, SNS에서 문제가 있었던 기억에 남는 경험, 그리고 SNS를 시작하게 된 계기 등이 자주 출제됩니다.

SNS	일반	가장 좋아하는 SNS와 이유
		SNS에서 주로 하는 일
	이슈	SNS의 역할과 기능
		SNS의 문제점
	과거	SNS에서 문제가 있었던 기억에 남는 경험
		SNS와 관련한 기억에 남는 경험
		다른 사람을 차단한 경험
		최근 읽은 게시글이나 영상
		가장 기억에 남는 게시글이나 영상
		SNS를 시작하게 된 계기

01 What is your favorite social networking service (SNS)? What can you do with it? Why do you like it? Please describe it in detail.

가장 좋아하는 SNS는 무엇인가요? 그것으로 무엇을 할 수 있나요? 왜 좋아하나요? SNS에 대해 자세히 묘사해주세요.

02 What do you usually do when you are logged on to a social networking service (SNS)? When do you use it? How often do you use it? Tell me in as much detail as possible.

SNS에 로그인하면 주로 무엇을 하나요? 언제 주로 사용하나요? 얼마나 자주 이용하나요? 가능한 자세히 말해주세요.

03 Tell me about a memorable experience you had when something went wrong on a social networking service (SNS) such as posting a message to the wrong person or making a funny mistake in a message. Tell me the whole story from the beginning to the end.

메시지를 잘못 보내거나, 메시지에서 웃긴 실수를 하는 등 SNS에서 무언가 잘못됐을 때 겪었던 기억에 남는 경험에 대해 말해주세요. 모든 이야기의 처음부터 끝까지 말해주세요.

SNS에서 주로 하는 일

IM-Unit33.mp3

Q) What do you usually do when you are logged on to social networking service (SNS)? When do you use it? How often do you use it? Tell me in as much detail as possible.

SNS에 로그인하면 주로 무엇을 하나요? 언제 주로 사용하나요? 얼마나 자주 이용하나요? 가능한 자세히 말해 주세요.

질문 키워드	what / do / when / logged on / SNS / when / how often / use
답변 키워드	SNS에서 주로 하는 일(what ~ usually do ~ SNS)을 묻는 질문이다. 답변은 나의 SNS 이용 경향 소개로 이용 시기(when ~ use)와 이용 빈도(how often ~ use)를 답한다. 그리고 SNS에서 하는 일로 하는 일의 양을 언급하고 하는 일들을 나열하여 답하고 SNS 이용에 대한 개인적인 생각과 마무리 문장으로 답변을 마무리하도록 한다. 주의할 점은, 현재 시제로 답변하는 것이다.

STORY TELLING 답변 연습

나의 SNS 이용 경향 소개	이용 시기	log on to an SNS → whenever I have some free time	✎
	이용 빈도	Generally, → once or twice a day	✎
SNS에서 하는 일	하는 일의 양	do lots of things there	✎
	하는 일 1	check for messages and new posts	✎
	하는 일 2	look through my feed	✎
	하는 일 3	check my friends' accounts	✎
	하는 일 4	leave a comment → or hit the like button	✎
SNS 이용에 대한 개인적인 생각		the best way to communicate → friends and family	✎
마무리		about what I do on social networks	✎

EXPRESSIONS 답변 핵심 표현

- log on to an SNS   SNS에 접속하다
- have some free time   자유시간을 갖다
- once or twice a day   하루 한두 번
- check for messages   메시지들을 확인하다
- new post   새로운 게시물

- look through ~   ~을 살펴보다, 훑어보다
- friends' accounts   친구들의 계정
- leave a comment   댓글을 남기다
- hit the like button   '좋아요' 버튼을 누르다
- the best way to communicate   의사소통의 가장 좋은 방법

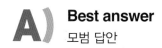

Best answer
모범 답안

주제/소개	나의 SNS 이용 경향 소개	이용 시기	I usually log on to an SNS <u>whenever I have some free time</u>. 저는 주로 제가 시간이 날 때마다 SNS에 접속합니다.
		이용 빈도	Generally, it's <u>once or twice a day</u>. 일반적으로, 그것은 하루에 한두 번입니다.
답변 전개	SNS에서 하는 일	하는 일의 양	I do lots of things there. 저는 그곳에서 많은 일들을 합니다.
		하는 일 1	First, I usually <u>check for messages and new posts</u>. 먼저, 저는 주로 메시지들과 새로운 게시문들을 확인합니다.
		하는 일 2	And also, <u>I look through my feed</u>. 그리고 또한, 저는 제 피드를 훑어봅니다.
		하는 일 3	Then, I check my friends' accounts. 그리고 나서, 저는 제 친구들의 계정을 확인합니다.
		하는 일 4	And I usually leave a comment or hit the like button. 그리고 저는 주로 댓글을 남기거나 좋아요 버튼을 누르기도 합니다.
	SNS 이용에 대한 개인적인 생각		I think it is the best way to communicate with friends and family. 제 생각에 그것은 친구나 가족과 소통할 수 있는 가장 좋은 방법입니다.
마무리			Anyway, that's all I can think of about what I do on social networks. Thanks. 이 정도가 제가 SNS에서 하는 일에 대해 생각나는 전부입니다. 감사합니다.

SENTENCES 답변 핵심 문장

1. **저는 주로 ~때 SNS에 접속합니다. → I usually log on to an SNS + 이용 시기.**
   I usually log on to an SNS as soon as I wake up in the morning.
   저는 주로 아침에 일어나자 마자 SNS에 접속합니다.
   I usually log on to an SNS whenever I get a notification on my smartphone.
   저는 주로 제 스마트폰으로 알림을 받을 때마다 SNS에 접속합니다.

2. **일반적으로, 그것은 ~번입니다. → Generally, it's + 이용 빈도.**
   Generally, it's more than 3 or 4 times a day. 일반적으로, 그것은 하루에 3~4번 이상입니다.

3. **저는 주로 ~을 합니다. → I usually + 하는 일(동사원형).**
   I usually upload my own pictures. 저는 주로 제 사진들을 올립니다.

4. **그리고 또한, 저는 ~을 합니다. → And also, I + 그 외 하는 일(동사원형).**
   And also, I catch up on the daily news. 그리고 또한, 저는 데일리 뉴스를 읽습니다.

Unit 34 국내/해외 출장

"국내 출장"과 "해외 출장"은 선택주제 중 하나입니다. Background Survey에서 휴가나 출장을 다녀온 경험에 대한 질문으로 선택하는 주제이며 관련된 문제들이 여러가지 유형으로 출제됩니다. 또한 자유 시간이나 교통수단과 연관되어 문제가 출제되기도 합니다.

[빈출 문제] "국내 출장"과 "해외 출장"은 출장 가서 주로 하는 일, 최근 출장 경험, 그리고 기억에 남는 출장 경험과 출장 중에 겪은 문제 등이 자주 출제됩니다.

국내/ 해외 출장	일반	출장 가기 전 준비
		출장 가서 주로 하는 일
		출장 중 자유 시간에 하는 일
		출장 목적
		머물렀던 숙박시설 묘사
		이동 수단
	과거	최근 출장 경험
		기억에 남는 출장 경험
		출장 중에 겪은 문제

01 In your background survey, you indicated that you go on business trips. What do you do when you go on business trips? Do you have meetings? What else do you do?

배경 설문에서 출장을 다닌다고 했습니다. 출장을 가면 무엇을 하나요? 회의를 하나요? 그 외에 무엇을 하나요?

02 Tell me about your most memorable business trip. When was it and where did you go? What made it so memorable? Talk about it in as much detail as possible.

가장 기억에 남는 출장에 대해 말해주세요. 언제, 어디로 갔었나요? 왜 기억에 남나요? 자세히 말해주세요.

03 Have you ever had any problem during a business trip? What was the problem and how did you deal with it? Describe in detail about what happened.

출장 중에 문제가 있었던 경험이 있었나요? 문제가 무엇이었고, 어떻게 해결했나요? 어떤 일이 있었는지 자세히 묘사해주세요.

출장 중 겪었던 문제

Q) Have you ever had any problem during a business trip? What was the problem and how did you deal with it? Describe in detail about what happened.

출장 중에 문제가 있었던 경험이 있었나요? 문제가 무엇이었고, 어떻게 해결했나요? 어떤 일이 있었는지 자세히 묘사해주세요.

질문 키워드	problem / during / business trip / what / problem / how / deal / what / happened
답변 키워드	출장 중 겪었던 문제(problem during a business trip)에 대해 묻는 질문이다. 답변은 출장 중 겪었던 문제 유무 언급 후 출장 중 겪었던 문제 상황 소개로 시기, 출장지, 그리고 상황을 답한다. 출장 중 겪었던 문제 경험 묘사(what happened)는 일어난 문제(what ~ problem), 해결을 위해 한 일(how ~ deal), 그리고 당시의 느낌/심정과 결말/결과를 답하고 이 출장이 기억에 남는 이유와 마무리 문장으로 답변을 마무리하도록 한다. 주의할 점은, 과거형 시제로 답변하는 것과 출장 중(during a business trip)에 겪었던 일에 대한 내용으로 답변하는 것이다.

STORY TELLING 답변 연습

출장 중 겪었던 문제 유무 언급		Actually, yes, I have had ~	✎
출장 중 겪었던 문제 상황 소개	시기, 출장지	Last year, → a business trip to America	✎
	상황	And one day, → had to fly to a different city → for a meeting	✎
출장 중 겪었던 문제 경험 묘사	일어난 문제	But → my flight was canceled → because of a hurricane	✎
	해결을 위해 한 일	used my smartphone → to do a conference call → at the airport	✎
	당시의 느낌/심정	a little worried	✎
	결말/결과	But everything → worked out ok	✎
이 출장이 기억에 남는 이유		very memorable to me	✎
		stressful but funny	✎
마무리		about a business trip problem	✎

EXPRESSIONS 답변 핵심 표현

• go on a business trip to ~	~로 출장을 가다	• use my smartphone	나의 스마트폰을 사용하다
• fly to ~	비행기로 ~에 가다	• do a conference call	전화 회의를 하다
• flight	비행, 여행, 항공편	• at the airport	공항에서
• be canceled	취소되다	• work out ok	잘 (진행)되다
• because of a hurricane	허리케인 때문에	• stressful but funny	스트레스가 많지만 웃긴

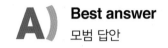

A) Best answer
모범 답안

주제/소개	출장 중 겪었던 문제 유무 언급		Actually, yes, I have had a problem during a business trip. 사실, 네, 출장 중에 문제가 있었던 적이 있습니다.
	출장 중 겪었던 문제 상황 소개	시기, 출장지	Last year, I went on a business trip to America. 작년에 저는 미국으로 출장을 갔습니다.
		상황	And one day, I had to fly to a different city for a meeting. 그리고 어느 날, 저는 회의를 위해 다른 도시로 비행기를 타고 가야 했습니다.
답변 전개	출장 중 겪었던 문제 경험 묘사	일어난 문제	But my flight was canceled because of a hurricane. 그러나 허리케인 때문에 항공편이 취소됐습니다.
		해결을 위해 한 일	So, I just used my smartphone to do a conference call at the airport. 그래서 저는 그냥 핸드폰을 사용해서 화상 회의를 공항에서 했습니다.
		당시의 느낌/심정	I was a little worried. 저는 조금 걱정하였었습니다.
		결말/결과	But everything worked out ok. 그러나 모든 일이 잘 진행되었습니다.
	이 출장이 기억에 남는 이유		It was very memorable to me. 그것은 저에게 굉장히 기억에 남습니다. Because it was stressful but funny. 왜냐하면 그건 스트레스가 많았지만 웃겼기 때문입니다.
마무리			Anyway, that's all I can remember about a business trip problem. Thanks. 이 정도가 제가 출장 문제에 대해 기억나는 전부입니다. 감사합니다.

SENTENCES 답변 핵심 문장

1 ～에 저는 ～로 출장을 갔습니다. → <u>시기</u>, **I went on a business trip to + 출장지.**
   Last winter, I went on a business trip to UAE. 작년 겨울, 저는 아랍에미리트로 출장을 갔습니다.

2 그러나 ～때문에 항공편이 취소됐습니다. → **But my flight was canceled because of + 취소된 이유(명사).**
   But my flight was canceled because of a storm. 그러나 폭풍 때문에 항공편이 취소됐습니다.

3 그래서 저는 그냥 ～을 했습니다. → **So, I just + 해결을 위해 한 일.**
   So, I just asked a local resident employee from our company to go instead.
   그래서 저는 그냥 우리 회사 현지 주재원에게 대신 가달라고 부탁했습니다.

4 그러나 모든 일이 ～되었습니다. → **But everything + 일의 결과/결말.**
   But everything turned out fine in the end. 그러나 결국 모든 일이 잘 되었습니다.

5 그것은 저에게 굉장히 기억에 남습니다. 왜냐하면 그건 ～이기 때문입니다.
   → **It was very memorable to me. Because + 기억에 남는 이유.**
   It was very memorable to me. Because the resident employee was a really big help.
   그것은 저에게 굉장히 기억에 남습니다. 왜냐하면 상주 직원(주재원)이 정말 큰 도움이 되었기 때문입니다.

ROLE-PLAY

Unit 35 주어진 상황에서 전화로 질문하기

"주어진 상황에서 전화로 질문하기"는 롤플레이 문제 11번 유형입니다. Background Survey에서 선택한 선택주제와 돌발주제 모두 연관되어 출제됩니다. 이 유형은 질문에서 주어진 상황에 맞게 전화 통화 상황극을 요구하는 문제 유형이며, 질문에서 상황극의 상황, 장소, 통화 대상, 그리고 문의 내용이 주어집니다.

[빈출 문제] "주어진 상황에서 전화로 질문하기" 유형은 상점이나 비즈니스 장소에 전화로 문의하기, 친구나 지인에게 전화로 정보 얻기, 그리고 약속 잡기/예약하기 유형이 자주 출제됩니다. 콤보 형식이므로 롤플레이 문제 11번과 12번 그리고 경험 문제 유형인 13번은 같은 주제로 출제됩니다.

관련 장소 및 사람에게 전화문의	가게, 상점, 회사	(상점/옷 가게/음식점/건강식품점)에 가게에 관해 전화문의하기
		새로 오픈한 음식점에 전화문의하기
		새로운 커피숍 메뉴를 전화문의하기
		새로 출시되는 게임 정보를 전화문의
		신문사에 신문 구독에 관한 전화문의
		인터뷰를 보러 갈 회사에 전화문의하기
	여행사, 호텔, 항공사	호텔에 당일 투숙 가능 여부 문의
		현지 호텔에 현지 날씨 문의
		여행사 직원에게 여행 상문 문의
		렌터카 회사에 차 렌트 문의하기
		통신사에 해외 로밍 문의
	기타 장소	은행 직원에게 은행 계좌 개설에 관해 전화문의하기
		헬스장 서비스 전화문의하기
		새로 입주한 아파트에 재활용 방법 전화문의
		부동산 중개인에게 구하고 싶은 집에 대해 전화문의
	친구/동료/상사	친구가 추천한 (웹사이트/상점/식료품점)에 대해 친구에게 전화로 문의하기
		휴일 파티에 관해 친구에게 전화로 묻기
		생일파티를 할 술집에 대해 친구에게 전화로 묻기
		친구가 쓰는 MP3에 대해 전화로 묻기
		친구와 (영화/공원/콘서트/해변여행)을 가기 위한 약속 잡기

01 I'd like to give you a situation and ask you to act it out. You have heard about a new café in your neighborhood. Call the café and ask three or four questions to find out all about it.

상황을 드릴 테니 역할극을 해주세요. 당신은 동네에 새로운 카페에 대해 들었습니다. 카페에 대해 알기 위해 카페에 전화해서 3-4가지 질문을 해주세요.

02 I'd like to give you a situation and ask you to act it out. You are planning a trip. Call a travel agent and ask three or four questions to get information for your trip.

상황을 드릴 테니 역할극을 해주세요. 당신은 여행 계획을 세우고 있습니다. 여행에 관한 정보를 얻기 위해 여행사에 전화해서 3-4가지 질문을 해주세요.

03 I'd like to give you a situation and ask you to act it out. You have been invited to a holiday party. Call your friend and ask three or four questions about the party.

상황을 드릴 테니 역할극을 해주세요. 당신은 휴일 파티에 초대받았습니다. 친구에게 전화해서 파티에 관해 3-4가지 질문을 해주세요.

04 I'd like to give you a situation and ask you to act it out. You want to buy an MP3 player. Call your friend and ask about the MP3 player he or she uses. Ask three or four questions that will help your decision about whether you want to buy the product your friend is using.

상황을 드릴 테니 역할극을 해주세요. 당신은 MP3 player를 사기를 원합니다. 친구에게 전화를 걸어 그 혹은 그녀가 사용중인 MP3 player에 대해서 질문을 해주세요. 친구가 사용하고 있는 제품을 구입할지 여부를 결정하는 데 도움이 되는 3~4가지 질문을 해주세요.

I'd like to give you a situation and ask you to act it out. You are planning a trip. Call a travel agent and ask three or four questions to get information for your trip.

상황을 드릴 테니 역할극을 해주세요. 당신은 여행 계획을 세우고 있습니다. 여행에 관한 정보를 얻기 위해 여행사에 전화해서 3-4가지 질문을 해주세요.

질문 키워드	planning / trip / call / travel agent / ask / questions / to get information
답변 키워드	여행사에 전화(call ~ travel agent)하여 여행정보를 얻기 위한 질문(to get information for your trip/ ask ~ question)을 하라는 문제이다. 답변은 여행사에 전화를 걸어 인사 및 용건을 말한 뒤, 내가 가고 하는 여행지의 1. 패키지 상품 2. 그 패키지 상품의 가격 3. 온라인 예약 가능 여부 4. 프로모션에 대하여 질문하고 감사 인사로 통화를 마무리하도록 한다.

STORY TELLING 답변 연습

인사 및 용건	인사 및 장소 확인	Hi! _____ a Star travel agency? (Nice~)
	상황 설명	I am thinking to _____ .
	용건	So, I am calling to _____ .
	도움 요청	Can I _____ ? (Thanks~)
질문하기	1. 패키지 상품	Do you _____ ? (Nice~)
	2. 그 패키지 상품의 가격	How much _____ ? (2 thousand dollars? That's great)
	3. 온라인 예약 가능 여부	Well, can I _____ ? (Oh~ I see~)
	4. 프로모션	I just have one more question. I am wondering, are there _____ ? (Awesome~)
감사 인사		Thanks for your help, I really appreciate it.

EXPRESSIONS 답변 핵심 표현

* Is this ~ ? — (전화상) ~ (장소)인가요?
* I am thinking to ~ — ~하려고 생각 중이다
* go on a trip to America — 미국으로 여행을 가다
* I am calling to ask ~ — ~을 문의하려고 전화하다

* get some information — 정보를 얻다
* package trip — 패키지여행
* make a reservation online — 온라인으로 예약하다
* promotions going on — 진행 중인 (판촉, 홍보 등의) 행사

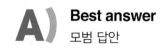

A) Best answer
모범 답안

질문 확인	인사 및 용건	인사 및 장소 확인	Hi! Is this <u>a Star travel agency</u>? (Nice~) 안녕하세요, 스타 여행사인가요? (나이스~)
		상황설명	I am planning to <u>go on a trip to America</u>. 저는 미국으로 여행을 갈 계획 중입니다.
		용건	So, I am calling to <u>get some information</u>. 그래서 저는 정보를 좀 얻으려고 전화했어요.
		도움 요청	Can I get some help? (Thanks~) 도움을 좀 받을 수 있을까요? (감사합니다~)
질문하기	1. 패키지 상품		Do you have any package trips <u>to America there</u>? (Nice~) 그곳에는 미국으로 가는 패키지 여행상품이 있나요? (나이스~)
	2. 그 패키지 상품의 가격		How much is it for that <u>package</u>? (2 thousand dollars? That's great) 그 패키지는 얼마인가요? (2천 달러요? 진짜 좋네요~)
	3. 온라인 예약 가능 여부		Well, can I make a reservation <u>online</u>? (Oh~ I see~) 음, 온라인으로 예약할 수 있나요? (오~ 그렇군요~)
	4. 프로모션		I just have one more question. 질문이 딱 하나 더 있어요.
			I am wondering, are there any promotions going on now? (Awesome~) 궁금한 게 있는데요, 진행 중인 프로모션이 있나요? (너무 좋네요~)
마무리	감사 인사		Thanks for your help, I really appreciate it. 도와주셔서 정말 감사합니다.

SENTENCES 답변 핵심 문장

① ~로 가는 패키지 여행상품이 있나요? →**Do you have any package trips to ~?**
Do you have any package trips there? 거기로 가는 패키지 여행상품이 있나요있나요?
Do you have any package trips to Europe? 유럽으로 가는 패키지 여행상품이 있나요?

② 그/저 ~은 얼마인가요? → **How much is it for that ~?**
How much is it for that package? 그 패키지는 얼마인가요?
How much is it for that t-shirt? 그/저 티셔츠는 얼마인가요?
cf. 전화 통화 상황에서의 that은 "그" 로, 직접 매장에서 손이나 눈으로 가리킬 수 있는 상황에서의 that은 "저" 로 해석된다.

③ ~로 예약할 수 있나요? → **Can I make a reservation ~?**
Can I make a reservation online? 온라인으로 예약할 수 있나요?
Can I make a reservation over the phone? 전화로 예약할 수 있나요?
Can I make a reservation in person? 직접 (그곳에 가서) 예약할 수 있나요?

Q) I'd like to give you a situation and ask you to act it out. You want to buy an MP3 player. Call your friend and ask about the MP3 player he or she uses. Ask three or four questions that will help your decision about whether you want to buy the product your friend is using.

상황을 드릴 테니 역할극을 해주세요. 당신은 MP3 player를 사기를 원합니다. 친구에게 전화를 걸어 그 혹은 그녀가 사용 중인 MP3 player에 대해서 질문을 해주세요. 친구가 사용하고 있는 제품을 구입할지 여부를 결정 하는 데 도움이 되는 3~4가지 질문을 해주세요.

질문 키워드	want / MP3 player / call / friend / ask / about mp3 player / he/she / uses / questions / whether / buy / friend / using
답변 키워드	친구에게 전화(call ~friend)하여 그 친구가 사용 중인 MP3 플레이어에 대해 질문(about the MP3 player your friend is using)을 하되, 본인이 같은 제품을 구매할 지 결정에 도움이 될 수 있는 질문(ask questions ~ help your decision ~ whether want to buy the product)을 하라는 문제이다. 답변은, 친구에게 전화를 걸어 인사 및 용건을 말한 뒤, 1. 친구 MP3의 브랜드 2. 추천 의향 3. 구매 가격 4. 구입 시기 5. 보증 서비스 유무를 질문한다. 그리고 마지막으로 감사 인사로 통화를 마무리하도록 한다.

STORY TELLING **답변 연습**

인사 및 용건	안부	Hey! It's me. How _____ ? (Nice~)
	상황 설명	I am thinking to _____ .
	용건	So, I am calling to _____ .
	통화 가능 묻기	Do you _____ ? (ok~ great~)
질문하기	1. 브랜드	What brand _____ ? (Oh~ I see~)
	2. 추천 의향	Do you _____ ? (Ok~)
	3. 구매 가격	Well, how much _____ ? (300 dollars? That's great~)
	4. 구입 시기	When _____ ? (Oh~ 2 years ago~)
	5. 보증 서비스 유무	I just have one more question. I am wondering, does _____ ? (Awesome~)
감사 인사		Thanks for your help, I really appreciate it.

EXPRESSIONS **답변 핵심 표현**

- It's me.   (전화상으로) 나야.
- I am thinking to ~   ~하려고 생각 중이다
- buy an MP3 player   엠피쓰리 플레이어를 사다
- I am calling to ask ~   ~을 물어보려고 전화하다
- yours   너의 것

- brand   브랜드
- recommend it   그것을 추천하다
- pay for it   가격을 지불하다
- buy it   그것을 사다
- have a warranty   보증서가 있다

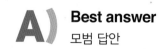

A) Best answer
모범 답안

질문 확인	인사 및 용건	안부	Hey! It's me. How are you? (Nice~) 친구야! 나야. 잘 지내? (나이스~)
		상황설명	I am thinking to **buy an MP3 player.** 나 MP3 플레이어 사려고 생각 중이야.
		용건	So, I am calling to ask a few questions **about yours.** 그래서 너의 것에 대해서 몇 가지 물어보려고 전화했어.
		통화 가능 묻기	Do you have a minute? (Ok~ great~) 지금 잠깐 시간 돼? (잘됐다~)
질문하기	1. 브랜드		What brand is your MP3 player? (Oh~ I see~) 너의 MP3 플레이어는 브랜드가 뭐니? (아~ 그렇구나~)
	2. 추천 의향		Do you recommend it? (Ok~) 추천하겠어? (오케이~)
	3. 구매 가격		Well, how much did you pay for it? (300 dollars? That's great~) 음, 얼마주고 샀어? (300달러? 가격 좋네~)
	4. 구입 시기		When did you buy it? (Oh~ 2 years ago~) 언제 샀어? (아~ 2년 전에~)
	5. 보증 서비스 유무		I just have one more question. 물어볼게 딱 하나 더 있는데. I am wondering, does it have a warranty? (Awesome~) 궁금해서 그러는데, 보증 서비스는 되니? (너무 좋네~)
마무리	감사 인사		Thanks for your help, I really appreciate it. 도와줘서 정말 고마워.

SENTENCES 답변 핵심 문장

① 너의 MP3 플레이어는 브랜드가 뭐니? → **What brand is your MP3 player?**

② 너는 ~을 추천하니? → **Do you recommend~?**
Do you recommend it? 너는 그것을 추천하니?
Do you recommend that store? 너는 그 가게를 추천하니?

③ 너는 ~을 얼마를 주고 샀어? → **How much did you pay for ~?**
How much did you pay for it? 너는 그것을 얼마를 주고 샀어?
How much did you pay for the concert tickets? 너는 그 콘서트 티켓들을 얼마를 주고 샀어?

④ 너는 언제 그것을 샀니? → **When did you buy it?**

⑤ 보증 서비스는 되니? → **Does it have a warranty?**

Unit 36 주어진 상황에서 직접 질문하기

"주어진 상황에서 직접 질문하기"는 롤플레이 문제 11번 유형입니다. Background Survey에서 선택한 선택주제와 돌발주제 모두 연관되어 출제됩니다. 이 유형은 질문에서 주어진 상황과 장소에 맞게 현장(실제 장소)에서 상황극을 요구하는 문제 유형이며, 질문에서 상황극의 상황, 장소, 대화 대상, 그리고 문의 내용이 주어집니다.

[빈출 문제] "주어진 상황에서 직접 질문하기" 유형은 상점이나 비즈니스 장소에서 구매, 발급, 렌트, 예매, 예약 등의 장소와 관련된 일반적인 문의하기 유형이 자주 출제됩니다. 콤보 형식이므로 롤플레이 문제 11번과 12번 그리고 경험 문제 유형인 13번은 같은 주제로 출제됩니다.

관련 장소 및 사람에게 직접 문의	가게, 상점	가구점 직원에게 사려고 하는 가구에 대해 문의
		옷 가게 직원에게 사려고 하는 옷에 대해 문의
		상점에서 세일에 관한 질문
		식료품 직원에게 사려고 하는 요리 재료에 대해 문의
	여행사, 호텔, 항공사	호텔 프런트에서 숙박 문의
		호텔 프런트에 자유 시간에 할 수 있는 활동 문의
		항공사 데스크에 가서 비행기 출발 지연에 대해 문의
		안내 직원에게 비행기 연착에 대해 문의
	기타 장소	은행 직원에게 새로운 계좌 개설 문의
		부동산 중개인에게 구하고 싶은 집에 대해 문의
		헬스장 직원에게 등록에 대해 문의
		카센터에서 차량 수리에 관해 문의
		렌터카 회사에 차 렌트에 대해 문의
	친구/동료/상사	상사에게 새로 시작할 프로젝트에 대해 문의

01 I'd like to give you a situation and ask you to act it out. You are at a department store to purchase new clothes. Ask the salesclerk three or four questions about the clothes you would like to buy.

상황을 드릴 테니 역할극을 해주세요. 당신은 새 옷을 구매하기 위해 백화점에 있습니다. 사고 싶은 옷에 대해 점원에게 3-4가지 질문을 해주세요.

02 I'd like to give you a situation and ask you to act it out. You want to open a new bank account. Go to the bank and ask the teller three or four questions to find out everything you need to do to open an account.

상황을 드릴 테니 역할극을 해주세요. 당신은 새로운 은행 계좌를 열고 싶습니다. 은행에 가서 은행원에게 계좌를 만들기 위해 필요한 모든 것에 대해 3-4가지 질문을 해주세요.

03 I'd like to give you a situation and ask you to act it out. You have just arrived in a new city. You need to rent a car to get around for about a week, so you have gone to a car rental agency. Ask the agent three or four questions about renting a car.

상황을 드릴 테니 역할극을 해주세요. 당신은 막 새로운 도시에 도착했습니다. 일주일 동안 이동하기 위해 차를 빌려야 해서, 렌터카 회사에 갔습니다. 에이전트에게 차 렌트에 대해 3-4가지 질문을 해주세요.

04 I'd like to give you a situation and ask you to act it out. You are staying in a hotel and have a free day to explore the city. Go to the hotel front desk and ask three or four questions about what to do for the day.

상황을 드릴 테니 역할극을 해주세요. 당신은 호텔에 투숙 중이고, 도시를 여행할 수 있는 하루의 자유시간이 있습니다. 프런트 데스크에 가서 그 자유로운 하루 동안 무엇을 할지에 대해서 3-4가지 질문을 해주세요.

은행에서 새로운 계좌개설 문의

IM-Unit36_1.mp3

 I'd like to give you a situation and ask you to act it out. You want to open a new bank account. Go to the bank and ask the teller three or four questions to find out everything you need to do to open an account.

상황을 드릴 테니 역할극을 해주세요. 당신은 새로운 은행 계좌를 열고 싶습니다. 은행에 가서 은행원에게 계좌를 만들기 위해 필요한 모든 것에 대해 3~4가지 질문을 해주세요.

질문 키워드	open / new bank account / go / bank / ask / teller / questions / everything
답변 키워드	은행에 가서 은행원(go ~ bank/teller)에게 새로운 계좌개설을 위해 필요한 모든 것(everything ~ need to do to open an account)에 대하여 질문하라는 문제이다. 답변은 인사 및 용건을 말한 뒤, 1. 계좌 발급 방법 2. 신분증 필요 여부 그리고 그 은행에서 발급 가능한 3. 계좌 종류 4. 프로모션에 대하여 질문하고 감사 인사로 대화를 마무리하도록 한다.

STORY TELLING 답변 연습

인사 및 용건	인사	Hi! _____ .
	상황 설명/용건	I am thinking to _____ .
	도움 요청	Can I _____ ? (Thanks~)
질문하기	1. 계좌 발급 방법	Can you tell me _____ ? (Oh~ I see~)
	2. 신분증 필요 여부	Do I _____ ? (Ok~ great~)
	3. 계좌 종류	Well, _____ ? (checking? That's great~)
	4. 프로모션	I just have one more question. I am wondering, _____ ? (Awesome~)
감사 인사		Thanks for your help, I _____ .

EXPRESSIONS 답변 핵심 표현

- Excuse me.   실례합니다.
- I am thinking to ~   ~하려고 생각 중이다
- get some help   도움을 받다
- kinds of accounts   계좌의 종류

- open a new bank account   신규 계좌를 개설하다
- how to open a new bank account   신규 계좌 개설 방법
- need my ID card   내 신분증이 필요하다
- promotions going on   진행중인 (판촉, 홍보 등의) 행사

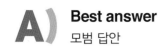

A) Best answer
모범 답안

질문 확인	인사 및 용건	인사	Hi! Excuse me. 안녕하세요, 실례합니다.
		상황설명/용건	I am thinking to <u>open a new bank account</u>. 제가 새로운 은행 계좌를 개설하려고 생각 중인데요.
		도움 요청	Can I get some help? (Thanks~) 도움을 좀 받을 수 있을까요? (감사합니다~)
질문하기	1. 계좌 발급 방법		Can you tell me how to <u>open a new bank account</u>? (Oh~ I see~) 신규 계좌를 열려면 어떻게 하는지 알려주실래요? (아~ 그렇군요~)
	2. 신분증 필요 여부		Do I need <u>my ID card</u>? (Ok~ great~) 저의 신분증이 필요한가요? (아~ 좋네요~)
	3. 계좌 종류		Well, what kinds of <u>accounts</u> do you have at your bank? (Checking? That's great~) 음, 이 은행에는 어떤 종류의 계좌가 있나요? (체킹 계좌요? 너무 좋네요~)
	4. 프로모션		I just have one more question. 질문이 딱 하나 더 있어요. I am wondering, are there any promotions going on now? (Awesome~) 궁금한 게 있는데요, 진행 중인 프로모션이 있나요? (너무 좋네요~)
마무리	감사 인사		Thanks for your help, I really appreciate it. 도와주셔서 정말 감사합니다.

SENTENCES 답변 핵심 문장

① **~하는 방법을 알려주실래요? → Can you tell me how to ~?**

Can you tell me how to open a new bank account? 신규 계좌를 여는 방법을 알려주실래요?
Can you tell me how to join your gym? 헬스장에 가입하는 방법을 알려주실래요?

② **~가 필요한가요? → Do I need ~?**

Do I need my ID card? 제 신분증이 필요한가요?
Do I need my seal stamp? 제 인감도장이 필요한가요?
Do I need to fill out an application? 신청서를 작성해야 하나요?
Do I need to pay for a personal locker? 개인 사물함 사용료를 내야 하나요?

③ **어떤 종류의 ~가 당신의 은행에는 있나요? → What kinds of ~ do you have at your bank?**

What kinds of accounts do you have at your bank? 어떤 종류의 계좌가 당신의 은행에는 있나요?
What kinds of programs do you have at your gym? 어떤 종류의 프로그램들이 당신의 헬스장에 있나요?

렌터카 대리점에서 자동차 일주일 렌트 문의

IM-Unit36_2.mp3

Q) I'd like to give you a situation and ask you to act it out. You have just arrived in a new city. You need to rent a car to get around for about a week, so you have gone to a car rental agency. Ask the agent three or four questions about renting a car.

상황을 드릴 테니 역할극을 해주세요. 당신은 막 새로운 도시에 도착했습니다. 일주일 동안 이동하기 위해 차를 빌려야 해서, 렌터카 회사에 갔습니다. 에이전트에게 차 렌트에 대해 3-4가지 질문을 해주세요.

질문 키워드	rent / car / a week / gone / car rental agency / ask / agent / questions / about renting a car
답변 키워드	방문한 렌터카 대리점의 에이전트(gone ~ car rental agency/agent)에게 일주일 동안(rent ~a week) 차를 빌리는 것에 대한 질문(ask ~ questions about renting a car)을 하라는 문제이다. 답변은 인사 및 용건을 말한 뒤, 대리점에서 1. 렌트 가능한 차 종류 2. 가장 인기 있는 차종 3. 일주일 렌트 가격 4. 프로모션에 대하여 질문하고 감사 인사로 대화를 마무리하도록 한다.

STORY TELLING 답변 연습

인사 및 용건	인사	Hi! _____ .
	상황 설명/용건	I am thinking to _____ .
	도움 요청	Can I _____ ? (Thanks~)
질문하기	1. 렌트 가능한 차 종류	What types _____ ? (Nice~)
	2. 가장 인기 있는 차종	What is _____ ? (BMW? ok~)
	3. 일주일 렌트 가격	Well, _____ ? (900 dollars? That's great~)
	4. 프로모션	I just have one more question. I am wondering, _____ ? (Awesome~)
감사 인사		Thanks for your help, I _____ .

EXPRESSIONS 답변 핵심 표현

- Excuse me.   실례합니다.
- I am thinking to ~   ~하려고 생각 중이다
- rent a car for a week   일주일 동안 빌리다
- get some help   도움을 받다

- types of cars   자동차 종류
- most popular type   가장 인기 있는 종류
- how much   (양, 값, 가격이) 얼마
- promotions going on   진행중인 (판촉, 홍보 등의) 행사

A) Best answer
모범 답안

질문 확인	인사 및 용건	인사	Hi! Excuse me. 안녕하세요, 실례합니다.
		상황설명/용건	I am thinking to <u>rent a car for a week</u>. 제가 일주일 동안 차를 빌리려고 생각 중인데요.
		도움 요청	Can I get some help? (Thanks~) 도움을 좀 받을 수 있을까요? (감사합니다~)
질문하기	1. 렌트 가능한 차 종류		What types of <u>cars</u> are available? (Nice~) 어떤 종류의 차를 이용할 수 있나요? (나이스~)
	2. 가장 인기 있는 차종		What is the most popular type you have? (BMW? ok~) 가장 인기 있는 차종은 무엇인가요? (BMW요? 오케이~)
	3. 일주일 렌트 가격		Well, how much is it for <u>a week</u>? (900 dollars? That's great~) 음, 그 차종은 한주 동안 얼마인가요? (900달러요? 좋네요~)
	4. 프로모션		I just have one more question. 질문이 딱 하나 더 있어요. I am wondering, are there any promotions going on now? (Awesome~) 궁금한 게 있는데요, 진행 중인 프로모션이 있나요? (너무 좋네요~)
마무리	감사 인사		Thanks for your help, I really appreciate it. 도와주셔서 정말 감사합니다.

SENTENCES 답변 핵심 문장

1 어떤 종류의 ~을 이용할 수 있나요? → **What types of ~ are available?**

What types of cars are available? 어떤 종류의 차를 이용할 수 있나요?
What types of rooms are available? 어떤 종류의 방을 이용할 수 있나요?
cf. types/kinds 와 type/kind의 차이는 단수와 복수이다. 여러가지를 묻거나 옵션이 복수일 경우에는 types/kinds를 쓰고, 아래의 예시문장과 같이 둘 중 하나를 고르라고 물어보는 경우는 단수인 type/kind를 쓴다. What type of transmission is available, manual or automatic? 스틱과 오토 중 어떤 종류의 (기어)변속기가 달린 차가 이용 가능한가요?

2 그것은 ~(동안)에 가격이 얼마인가요? → **How much is it for ~?**

How much is it for a week? 그것은 일주일에 가격이 얼마인가요?
How much is it for a month? 그것은 한 달에 가격이 얼마인가요?

Unit 37 상황 설명하고, 예매/예약/약속 잡기

"상황 설명하고, 예매/예약/약속 잡기"는 롤플레이 문제 11번 유형입니다. Background Survey에서 선택한 선택주제와 돌발주제 모두 연관되어 출제되며 직접 문의와 전화로 문의 두 유형 모두 다 출제됩니다. 이 유형은 예매나 예약 그리고 약속 잡기 상황에서 상황극을 요구하는 문제 유형이며, 질문에서 구체적인 상황, 장소, 대화 대상, 그리고 문의 내용이 주어집니다.

[빈출 문제] "상황 설명하고, 예매/예약/약속 잡기" 유형은 예매나 예약하기 그리고 약속을 잡는 상황을 바탕으로 부가적인 상황이 함께 주어지는 유형으로 많이 출제되며, 음식점, 호텔, 병원이나 영화 공연 등의 관람 그리고 친구와 특정 활동을 함께 하기 위한 약속 잡기 등의 상황이 많이 출제됩니다. 콤보 형식이므로 롤플레이 문제 11번과 12번 그리고 경험 문제 유형인 13번은 같은 주제로 출제됩니다.

예매/예약/약속	예매	친구와 함께 볼 영화 티켓 예매
		오늘 저녁에 볼 콘서트 티켓 예매
	예약	예약 없이 간 호텔 숙박 문의
		여행 동안 머무를 호텔 숙박 문의
		병원 진료 예약
		음식점 예약
	친구와 약속	친구와 주말 약속 정하기
		계획 중인 해변 여행에 친구 초대하기
		주말 영화 관람을 위해 친구와 약속 정하기
		공원 방문을 위해 친구와 약속 잡기

01 I would like to give you a situation and ask you to act it out. You're planning to watch a movie at a theater. Call the theater and ask three or four questions to reserve tickets for you and your friend.

상황을 드릴 테니 역할극을 해주세요. 당신은 영화관에서 영화를 보려 합니다. 친구와 함께 볼 표를 예매하기 위해 영화관에 전화해서 3-4가지 질문을 해주세요.

02 I would like to give you a situation and ask you to act it out. You want to stay at a hotel for a trip to a new city, but you didn't make a reservation. Go to the reception desk of the hotel and ask three or four questions to get information about whether you can stay.

상황을 드릴 테니 역할극을 해주세요. 당신은 새로운 도시에서의 여행을 위해 호텔에서 머물기를 원합니다. 하지만, 예약을 하지 않았습니다. 호텔 데스크에 가서 머물 수 있는지 알기 위해 3-4가지 질문을 해주세요.

03 I would like to give you a situation and ask you to act it out. You want to meet up with your friend on the weekend. Call your friend and ask two or three questions about what to do and when to meet.

상황을 드릴 테니 역할극을 해주세요. 당신은 주말에 친구를 만나기를 원합니다. 친구에게 전화해서, 만나서 무엇을 할지, 언제 만날지 등에 대해 2-3가지 질문을 해주세요.

04 I would like to give you a situation and ask you to act it out. You want to make an appointment with a doctor. Call the clinic and ask three or four questions to make an appointment to see a doctor.

상황을 드릴 테니 역할극을 해주세요. 당신은 의사와 약속을 하기를 원합니다. 의사와의 약속을 정하기 위해 병원에 전화해서 3-4가지 질문을 해주세요.

영화관에 친구와 함께 볼 표 예매 전화문의

IM-Unit37_1.mp3

 I would like to give you a situation and ask you to act it out. You're planning to watch a movie at a theater. Call the theater and ask three or four questions to reserve tickets for you and your friend.

상황을 드릴 테니 역할극을 해주세요. 당신은 영화관에서 영화를 보려 합니다. 친구와 함께 볼 표를 예매하기 위해 영화관에 전화해서 3-4가지 질문을 해주세요.

질문 키워드	planning / watch / movie / theater / call / ask / questions / reserve tickets / you and your friend
답변 키워드	영화관에 전화(call ~ theater) 하여 친구와 함께 볼 영화표 예매에 관해 질문(ask ~ questions to reserve tickets for you and your friend) 하라는 문제이다. 답변은 영화관에 전화를 걸어 인사 및 용건을 말한 뒤 요즘 1. 가장 인기 있는 영화 2. 티켓 2장 가격 3. 온라인 예매 4. 프로모션에 대하여 질문하고 감사 인사로 통화를 마무리하도록 한다.

STORY TELLING 답변 연습

인사 및 용건	인사 및 장소 확인	Hi! _____ a Star movie theater? (Nice~)
	상황 설명	I would like to _____ .
	용건	So, I am calling to _____ .
	도움 요청	Can I _____ ? (Thanks~)
질문하기	1. 가장 인기 있는 영화	What _____ ? (Oh~ I see~)
	2. 티켓 2장 가격	How much _____ ? (20 dollars? That's great~)
	3. 온라인 예약	Well, can I _____ ? (Nice~)
	4. 프로모션	I just have one more question. I am wondering, are there _____ ? (Awesome~)
감사 인사		Thanks for your help, I really appreciate it.

EXPRESSIONS 답변 핵심 표현

- Is this ~ ?   (전화상) ~ (장소)인가요?
- I would like to ~   ~하고 싶다
- get some information   정보를 얻다
- for two tickets   표 두 장
- how much   (양, 값, 가격이) 얼마

- reserve some movie tickets   영화표를 예약하고 싶다
- I am calling to ask ~   ~을 문의하려고 전화하다
- most popular movie these days   요즘 가장 인기있는 영화
- make a reservation online   온라인으로 예약하다
- any promotions going on   진행 중인 프로모션

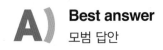

A) Best answer
모범 답안

질문 확인	인사 및 용건	인사 및 장소 확인	Hi! Is this <u>a Star movie theater</u>? (Nice~) 안녕하세요, 스타 영화관인가요? (나이스~)
		상황설명	I would like to <u>reserve some movie tickets for me and my friend</u>. 저는 친구와 저의 영화표를 예약하고 싶은데요.
		용건	So, I am calling to ask a few questions. 그래서 몇 가지 문의하려고 전화했어요.
		도움 요청	Can I get some help? (Thanks~) 도움을 좀 받을 수 있을까요? (감사합니다~)
질문하기	1. 가장 인기 있는 영화		What is the most popular <u>movie</u> these days? (Oh~ I see~) 요즘에 가장 인기 있는 영화는 뭐예요? (아~ 그렇군요~)
	2. 티켓 2장 가격		How much is it for <u>two tickets</u>? (20 dollars? That's great~) 영화표 2장은 얼마예요? (20달러요? 좋네요~)
	3. 온라인 예약		Well, can I make a reservation <u>online</u>? (Nice~) 음, 온라인 예약이 가능한가요? (나이스~)
	4. 프로모션		I just have one more question. 질문이 딱 하나 더 있어요. I am wondering, are there any promotions going on now? (Awesome~) 궁금한 게 있는데요, 진행 중인 프로모션이 있나요? (너무 좋네요~)
마무리	감사 인사		Thanks for your help, I really appreciate it. 도와주셔서 정말 감사합니다.

SENTENCES 답변 핵심 문장

④ 요즘에 가장 인기 있는 ~은 무엇인가요? → **What is the most popular ~ these days?**
What is the most popular movie these days? 요즘에 가장 인기 있는 영화는 무엇인가요?
What is the most popular style these days? 요즘 가장 인기 있는 스타일이 무엇인가요?

⑤ ~은 얼마인가요? → **How much is it for ~?**
How much is it for two tickets? 표 두 장은 얼마인가요?
How much is it for an IMAX seat? 아이맥스 좌석은 얼마인가요?

⑥ 로 예약할 수 있나요? → **Can I make a reservation ~?**
Can I make a reservation online? 온라인으로 예약할 수 있나요?
Can I make a reservation over the phone? 전화로 예약할 수 있나요?
Can I make a reservation in person? 직접 (그곳에 가서) 예약할 수 있나요?

I would like to give you a situation and ask you to act it out. You want to meet up with your friend on the weekend. Call your friend and ask two or three questions about what to do and when to meet.

상황을 드릴 테니 역할극을 해주세요. 당신은 주말에 친구를 만나기를 원합니다. 친구에게 전화해서, 만나서 무엇을 할지, 언제 만날지 등에 대해 2-3가지 질문을 해주세요.

질문 키워드	want / meet up / friend / weekend / call / ask / questions / about / what to do / when to meet
답변 키워드	친구에게 전화(call your friend) 하여 주말에 친구와 만나기 위해(want to meet up ~ weekend) 만나서 할 일과 약속시간을 물어보라는(ask ~ questions about what to do ~ when to meet) 문제이다. 답변은 친구에게 전화를 걸어 인사 및 용건을 말한 뒤, 1. 약속 가능한 요일 2. 만나서 하고 싶은 일 3. 만나고 싶은 장소와 약속 당일 4. 픽업 가능 여부에 대해 묻고 인사로 통화를 마무리하도록 한다.

STORY TELLING 답변 연습

인사 및 용건	안부	Hey! It's me. How _____ ? (Nice~)
	상황 설명	I would like to _____ .
	용건	So, I am calling to _____ .
	통화 가능 묻기	Do you _____ ? (Ok~ great~)
질문하기	1. 약속 가능한 요일	When _____ ? (Sunday? That's great~)
	2. 만나서 하고 싶은 일	What would _____ ? (See a movie? Ok!)
	3. 만나고 싶은 장소	Then, where _____ ? (Oh, in Gangnam? I see~)
	4. 픽업 가능 여부	I just have one more question. I am wondering, can you _____ ? (Awesome~)
감사 인사		All right~ See you _____ . Give me a call if _____ . Bye~

EXPRESSIONS 답변 핵심 표현

• It's me.	(전화상으로) 나야.	• available this weekend	이번 주말에 가능한
• I would like to ~	~하고 싶다	• like to do	~하는 것을 좋아하다
• meet up with you this weekend	이번 주말에 너와 만나다	• pick me up	나를 데리러 오다
• I am calling to ask ~	~을 물어보려고 전화하다	• on your way	가는 길에

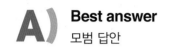

A) Best answer
모범 답안

질문 확인	인사 및 용건	인사	Hey! It's me. How are you? (Nice~) 친구야, 나야. 잘 지내? (나이스~)
		상황설명	I would like to meet up with you this weekend. 난 이번 주말에 너 만나고 싶은데.
		용건	So, I am calling to ask a few questions. 그래서 몇 가지 물어보려고 전화했어.
		통화 가능 묻기	Do you have a minute to talk? (Ok~ great~) 지금 잠깐 얘기할 시간 돼? (잘 됐다~)
질문하기	1. 약속 가능한 요일		When are you available this weekend? (Sunday? That's great~) 이번 주말에 언제 시간 돼? (일요일? 잘 됐다~)
	2. 만나서 하고 싶은 일		What would you like to do? (See a movie? Ok!) 뭐하고 싶어? (영화 보기? 오케이!)
	3. 만나고 싶은 장소		Then, where would you like to meet? (Oh, in Gangnam? I see~) 그럼, 어디서 만날까? (오, 강남? 알았어~)
	4. 픽업 가능 여부		I just have one more question. 물어볼게 딱 하나 더 있는데. I am wondering, can you pick me up on your way? (Awesome~) 궁금해서 그러는데, 가는 길에 나 태워갈 수 있어? (너무 좋다~)
마무리	인사		All right~ See you this weekend. 알았어~ 이번 주말에 보자~ Give me a call if something comes up. Bye~ 무슨 일 생기면 전화 주고. 바이~

SENTENCES 답변 핵심 문장

① ~에 언제 시간 돼? → **When are you available ~?**
When are you available this weekend? 이번 주말에 언제 시간 돼?
When are you available this Saturday? 이번 주 토요일에 언제 시간 돼?

② 뭐 ~고 싶어? → **What would you like to ~?**
What would you like to do? 뭐 하고 싶어?
What would you like to watch? 무슨 영화 보고 싶어?
What would you like to do after the movie? 영화 본 후에 뭐 하고 싶어?

③ 어디서 ~하고 싶어? → **Where would you like to ~?**
Where would you like to meet? 어디서 만나고 싶어?
Where would you like to go for a trip to the beach? 해변 여행으로 어디를 가고 싶어?

④ ~ 에 나 태워갈 수 있어? → **Can you pick me up ~?**
Can you pick me up on your way? 가는 길에 나 태워갈 수 있어?
Can you pick me up on your way to the park? 공원 가는 길에 나 태워갈 수 있어?
Can you pick me up at the airport? 공항으로 나 데리러 올 수 있어?
cf. pick up 을 사람과 함께 쓰면 "데리러 가다", 물건과 함께 쓰면 "가지러 가다"가 된다.

⑤ ~에 보자. → **See you ~.**
See you this weekend. 이번 주말에 보자. / See you later. 나중에 보자. / See you there. 거기서 보자.

Unit 38 상점에 문제상황 설명, 대안 제시하기

"상점에 문제상황 설명하고, 대안 제시하기"는 롤플레이 문제 12번 유형으로, 상점에 문제 상황을 설명하고 대안을 제시하는 상황극 유형입니다. Background Survey에서 선택한 선택주제와 돌발주제 모두 연관되어 출제되며, 돌발주제의 출제 빈도가 더 높습니다. 질문에서 문제상황과 장소, 대화 대상이 주어지며, 대부분은 문제 해결을 위한 대안을 제시하라는 내용입니다. 하지만, 난이도가 높은 문제의 경우, 질문에서 구체적인 대안을 지정하여 출제되는 경우도 있습니다.

[빈출 문제] "상점에 문제상황 설명하고, 대안 제시하기" 유형은 상점이나 비즈니스 장소에서 구매, 손상, 변심, 분실 등의 문제상황이 자주 출제됩니다. 콤보 형식이므로 롤플레이 문제 11번과 12번 그리고 경험 문제 유형인 13번은 같은 주제로 출제되며, 12번의 문제상황과 비슷한 상황의 경험을 13번에서 묻는 형식으로 연결되어 출제되는 경우가 많습니다.		

(상점) 문제상황	구매	매표소 직원에게 잘못된 영화표 구매 설명, 대안 제시
	손상	구매한 휴대폰의 문제가 있는 상황 설명, 대안 제시
		구매한 옷에 문제가 있는 상황 설명, 대안 제시
		배송된 가구에 문제가 있는 상황 설명, 대안 제시
	변심	여행사 직원에게 여행변경 요청 (미환불 비행기표 해결책 제시)
		구매한 휴대기기 기능이 마음에 들지 않아 환불을 원하는 상황
	불참	회사에 인터뷰를 보러 가지 못하는 상황 설명, 대안 제시
	취소	항공사에 비행기가 취소/연착 설명, 대안 제시
	분실	식료품 점에 구입한 아이템 중 하나를 두고 온 상황 설명, 대안 제시
		옷 가게에서 구매 후 물건을 두고 온 상황 설명, 대안 제시
		식당에 지갑을 두고 온 상황 설명, 대안 제시
	기타	여행사에 호텔 만실 상황 설명, 대안 제시
		렌터카 회사에 렌트한 차에 문제 설명, 대안 제시
		음식점에 잘못 배달 온 점심 도시락 설명, 대안 제시

01 I'm sorry, but there is a problem I need you to resolve. You found out you purchased the wrong tickets at a theater. Talk to the person at the ticket box about your situation and offer two or three alternatives to solve the problem.

미안하지만 당신이 해결해야 할 문제가 생겼습니다. 당신은 영화관에서 잘못된 표를 샀다는 것을 알았습니다. 문제를 해결하기 위해 매표소에서 표를 판매하는 사람에게 상황을 설명하고, 2-3개의 대안을 제시하세요.

02 I'm sorry, but there is a problem I need you to resolve. The furniture you ordered has arrived at your house. But, there is something wrong with it. Call the furniture store, explain the situation, and ask for ways to get an exchange or a refund.

미안하지만 당신이 해결해야 할 문제가 생겼습니다. 주문한 가구가 집에 도착하였습니다. 그러나 가구에 문제가 있습니다. 가구점에 전화를 걸어 상황을 설명하고 교환이나 환불을 받을 수 있는 방법에 관해 물어보세요.

03 I'm sorry, but there is a problem I need you to resolve. You have received the new phone you ordered, but the features are different than you expected. You would like to return it and exchange it for a new phone. Call the store, explain the situation, and make arrangements to get a new phone.

미안하지만 당신이 해결해야 할 문제가 생겼습니다. 당신은 주문했던 새로운 휴대전화기를 받았습니다. 그러나 기능이 당신이 생각한 것과 다릅니다. 당신은 반품을 하고 새로운 휴대전화기로 교환하고 싶습니다. 가게에 전화해서 상황을 설명하고 새로운 휴대전화기를 받기위해 합의해 보세요.

04 I'm sorry, but there is a problem I need you to resolve. You have left one of your groceries behind at the grocery store accidentally. Call the store and explain the situation and offer two or three alternatives to solve the problem.

미안하지만 당신이 해결해야 할 문제가 생겼습니다. 당신은 실수로 식료품점에 한 개의 식료품을 두고 왔습니다. 가게에 전화해서 상황을 설명하고 문제를 해결하기 위한 2-3가지 대안을 제시하세요.

Q) I'm sorry, but there is a problem I need you to resolve. The furniture you ordered has arrived at your house. But, there is something wrong with it. Call the furniture store, explain the situation, and ask for ways to get an exchange or a refund.

미안하지만 당신이 해결해야 할 문제가 생겼습니다. 주문한 가구가 집에 도착하였습니다. 그러나 가구에 문제가 있습니다. 가구점에 전화를 걸어 상황을 설명하고 교환이나 환불을 받을 수 있는 방법에 관해 물어보세요.

질문 키워드	problem / resolve / furniture / arrived / something wrong / call / furniture store / explain / situation / ask / ways / exchange / refund
답변 키워드	가구점에 전화(call ~ furniture store)하여 배송된 가구에 문제가 있는 상황을 설명(furniture ~ arrived ~ something wrong/explain ~ situation)하고 문제 해결을 위한 교환이나 환불 방법 문의(ask ~ ways ~ exchange/refund)를 하라는 질문이다. 답변은 가구점에 전화하여 인사 및 문제 언급/용건을 말한 뒤, 문제상황을 설명하고, 문제에서 요구하는 문의/대안 제시로 1. 교환 방법 2. 환불 방법 3. 조언 구하기와 감사 인사로 대화를 마무리하도록 한다.

STORY TELLING 답변 연습

인사 및 용건	인사	Hi! _____ Star furniture? (Great~)
	문제 언급/용건	I think there is a problem with _____ .
	도움 요청	Can I _____ ? (Thanks~)
문제상황 설명		The thing is, _____ . But _____ .
대안 제시	1. 교환 방법	So, how can I _____ ? (Oh~ no way?)
	2. 환불 방법	Then, is there _____ ? (No?)
	3. 조언 구하기	Then, what do you think _____ ? Oh~ I like that idea.
감사 인사		Thanks for your help, I _____ .

EXPRESSIONS 답변 핵심 표현

- Is this ~ ?   (전화상) ~ (장소)인가요?
- the sofa I ordered   내가 주문한 소파
- get some help   도움을 받다
- The thing is,   문제는, 중요한 것은
- get a refund   환불받다

- There is a problem with ~   ~와 문제가 있다
- be just delivered   막 배달되다
- scratches and damage   긁힌 자국들과 손상
- exchange the sofa for a new one   새 것으로 교환하다
- best way to deal with this situation   이 상황에 대처하는 최선의 방법

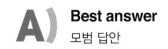

A) Best answer
모범 답안

질문 확인	인사 및 용건	인사	Hi! Is this <u>Star furniture</u>? (Great~) 안녕하세요, 스타 가구점인가요? (제대로 걸었네요~)
		문제 언급/용건	I think there is a problem with <u>the sofa I ordered</u>. 제 생각에, 제가 주문한 소파에 문제가 있는 것 같은데요.
		도움 요청	Can I get some help? (Thanks~) 도움을 좀 받을 수 있을까요? (감사합니다~)
질문하기	문제상황 설명		The thing is, **it was just delivered.** 문제는, 조금 전에 배달되었는데요. But there are some <u>scratches and damage on the side</u>. 그런데 옆면에 긁힌 자국들과 손상이 좀 있어요.
	문의/대안 제시	1. 교환 방법	So, how can I exchange <u>the sofa</u> for a new one? (Oh~ no way?) 그래서, 소파를 새것으로 어떻게 교환할 수 있나요? (아~ 방법이 없다고요?)
		2. 환불 방법	Then, is there any way to <u>get a refund</u>? (No?) 그러면, 환불받을 수 있는 방법은 없나요? (없다고요?)
		3. 조언 구하기	Then, what do you think is the best way to deal with this situation? 그럼, 이 상황을 대처하기 가장 좋은 방법은 어떤 게 있을까요? Oh~ I like that idea. 아~ 그거 좋네요.
마무리	감사 인사		Thanks for your help, I really appreciate it. 도와주셔서 정말 감사합니다.

SENTENCES 답변 핵심 문장

① 그런데 ~가 좀 있어요. → **But there are some ~.**

But there are some scratches and damage on the side. 그런데 옆면에 긁힌 자국들과 손상이 좀 있어요.
But there are some scratches and damage on the shirt. 그런데 셔츠에 긁힌 자국들과 손상이 좀 있어요.

② ~을 새것으로 어떻게 교환할 수 있나요? → **How can I exchange ~ for a new one?**

How can I exchange the sofa for a new one? 소파를 새것으로 어떻게 교환할 수 있나요?
How can I exchange the shirt for a new one? 셔츠를 새것으로 어떻게 교환할 수 있나요?

③ ~ 을 할 수 있는 방법은 없나요? → **Is there any way to ~?**

Is there any way to get a refund? 환불을 받을 수 있는 방법은 없나요?
Is there any way to get a new one? 새 제품을 받을 수 있는 방법은 없나요?

I'm sorry, but there is a problem I need you to resolve. You have left one of your groceries behind at the grocery store accidentally. Call the store and explain the situation and offer two or three alternatives to solve the problem.

미안하지만 당신이 해결해야 할 문제가 생겼습니다. 당신은 실수로 식료품점에 한 개의 식료품을 두고 왔습니다. 가게에 전화해서 상황을 설명하고 문제를 해결하기 위한 2~3가지 대안을 제시하세요.

질문 키워드	problem / resolve / left / one / groceries / behind / at / grocery store / call / store / explain / offer / alternatives / solve / problem
답변 키워드	상점에 전화(call ~ store) 하여 식료품점에 식료품 한 개를 두고 온 상황을 설명(left ~ behind/one of your groceries at the grocery store/explain ~ situation)하고 문제 해결을 위한 대안 제시(offer ~ alternatives ~ solve the problem)를 하라는 질문이다. 답변은 상점에 전화하여 인사 및 문제 언급/용건을 말한 뒤, 문제상황을 설명한다. 그리고 대안 제시로 장소에 물건이 있는지에 대한 1. 확인 요청 2. 보관 가능 문의 그리고 물건을 찾으러 가기 위한 3. 방문 약속을 제시한 후 감사 인사로 대화를 마무리하도록 한다.

STORY TELLING 답변 연습

인사 및 용건	인사	Hi! _____ Star Grocery? (Great~)
	문제 언급/용건	I think there is a problem with _____ .
	도움 요청	Can I _____ ? (Thanks~)
문제상황 설명		The thing is, _____ .
		But _____ . I think I _____ accidentally.
대안 제시	1. 확인 요청	So, can you _____ ? (Oh~ You found it? Great~)
	2. 보관 가능 문의	Then, is it _____ ? (Thanks~ That's nice of you~)
	3. 방문 약속	Then, I will come and _____ as soon as possible.
감사 인사		Thanks for your help, I _____ .

EXPRESSIONS 답변 핵심 표현

- There is a problem with ~   ~와 문제가 있다
- the groceries I bought   내가 구매한 식료품
- get some help   도움을 받다
- The thing is,   문제는, 중요한 것은
- buy some groceries there   거기서 식료품을 샀다

- can't find one of them   그중 하나를 찾을 수 없다
- leave it behind accidentally   실수로 그것을 두고 오다
- check to see if it is there   거기에 있는지 확인하다
- put it in a safe place   그것을 안전한 곳에 두다
- come and pick the grocery up   식료품을 가지러 가다

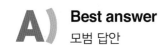

A) Best answer
모범 답안

질문 확인	인사 및 용건	인사	Hi! Is this <u>Star Grocery</u>? (Great~) 안녕하세요, 스타 식료품점인가요? (제대로 걸었네요~)
		문제 언급/용건	I think there is a problem with <u>the groceries I bought at your store</u>. 제 생각에, 당신 가게에서 구입한 식료품과 관련해서 문제가 좀 있어서요.
		도움 요청	Can I get some help? (Thanks~) 도움을 좀 받을 수 있을까요? (감사합니다~)
질문하기	문제상황 설명		The thing is, <u>I bought some groceries there earlier today</u>. 문제는, 제가 아까 거기서 식료품을 좀 샀는데요.
			But I can't find <u>one of the bags</u> now. 그런데 그중에 한 봉지를 못 찾겠어요.
			I think I left it behind accidentally. 제 생각에 실수로 두고 온 것 같아요.
	대안 제시	1. 확인 요청	So, can you check to see if it is <u>there</u>? (Oh~ You found it? Great~) 그래서, 거기에 있는지 확인해 주실 수 있을까요? (아~ 찾았다고요? 잘 됐네요~)
		2. 보관 가능 문의	Then, is it possible to <u>put it in a safe place</u>? (Thanks~ That's nice of you~) 그러면, 안전한 곳에 보관해 주실 수 있을까요? (감사해요~ 정말 친절하시네요~)
		3. 방문 약속	Then, I will come and pick up <u>the groceries</u> as soon as possible. 그럼, 제가 가능한한 빨리 식료품을 찾으러 갈게요.
마무리	감사 인사		Thanks for your help, I really appreciate it. 도와주셔서 정말 감사합니다.

SENTENCES 답변 핵심 문장

① **그런데 지금 ~을 못 찾겠어요. → But I can't find ~ now.**
But I can't find one of the bags now. 그런데 그중에 한 봉지를 못 찾겠어요.
But I can't find my wallet now. 그런데 지금 제 지갑을 못 찾겠어요.

② **그것이 ~에 있는지 확인해 주실 수 있나요? → Can you check to see if it is there?**
Can you check to see if it is there? 그것이 거기에 있는지 확인해 주실 수 있나요?
Can you check to see if it is in the restaurant? 그것이 식당에 있는지 확인해 주실 수 있나요?
cf. "check to see"의 뜻은 "~을 알아보기 위해 확인하다"라는 뜻이다. 눈으로 직접 볼 수 있는 것인 경우의 to see는 "(눈으로) 보다"이지만, 현상이나 보이지 않는 상황에서 쓰일 경우엔 "알아보다"로 쓰인다.

③ **~해 주실 수 있을까요? → Is it possible to ~?**
Is it possible to put it in a safe place? 안전한 곳에 보관해 주실 수 있나요?
Is it possible to keep it behind the counter? 계산대 뒤에 보관해 주실 수 있나요?

④ **제가 ~을 찾으러 갈게요. → I will come and pick up ~.**
I will come and pick up the groceries. 제가 식료품을 찾으러 갈게요.
I will come and pick up my wallet tonight. 제가 오늘 저녁에 지갑을 찾으러 갈게요.

Unit 39 친구/지인에게 문제상황 설명, 대안 제시하기

"친구/지인에게 문제상황 설명하고, 대안 제시하기"는 롤플레이 문제 12번 유형으로, 아는 사람에게 문제 상황을 설명하고 대안을 제시하는 상황극 유형입니다. Background Survey에서 선택한 선택주제와 돌발주제 모두 연관되어 출제되며, 돌발주제의 출제 빈도가 더 높습니다. 질문에서 문제상황과 장소, 대화 대상이 주어지며, 대부분은 문제 해결을 위한 대안을 제시하라는 내용입니다. 하지만, 난이도가 높은 문제의 경우, 질문에서 구체적인 대안을 지정하여 출제되는 경우도 있습니다.

[빈출 문제] "친구/지인에게 문제상황 설명하고, 대안 제시하기" 유형은 아는 사람에게 일정과 관련된 문제상황, 지인의 물건을 고장 낸 상황 등의 문제상황이 자주 출제됩니다. 콤보 형식이므로 롤플레이 문제 11번과 12번 그리고 경험 문제 유형인 13번은 같은 주제로 출제되며, 12번의 문제상황과 비슷한 상황의 경험을 13번에서 묻는 형식으로 연결되어 출제되는 경우가 많습니다.

(친구/지인) 문제상황	고장	친구에게 빌린 MP3 플레이어를 고장 낸 상황 설명, 대안 제시
		친구의 자전거를 고장 낸 상황 설명, 대안 제시
	일정	친구에게 여행 당일 날씨로 해변 여행 연기 설명, 일정 다시 잡기 제안
		친구에게 차 사고 때문에 파티에 늦음 설명, 대안 제시
		친구에게 같이 보려던 콘서트표가 매진된 상황 설명, 대안 제시
		친구에게 같이 가려던 공원이 문 닫은 상황 설명, 대안 제시
		친구에게 아파서 일정을 취소해야 하는 상황 설명, 대안 제시
	불참	교수에게 시험을 보지 못하는 상황 설명, 대안 제시
		친구에게 기차를 놓쳐서 만나러 가지 못하는 상황 설명, 대안 제시
		친구에게 시험 때문에 생일파티 불참 설명, 대안 제시
		상사에게 해외출장 못 가게 된 상황 설명, 대안 제시
		고객에게 비행기 지연으로 미팅에 못 가는 상황 실명, 대인 지시
		동료에게 비행기 지연으로 미팅에 참석 불가능 한 상황 설명, 대안 제시

01 I'm sorry, but there is a problem I need you to resolve. You have borrowed your friend's MP3 player, but broke it on accident. Call your friend to explain the situation and offer two or three alternatives to help resolve the situation.

미안하지만 당신이 해결해야 할 문제가 생겼습니다. 당신은 친구의 MP3를 빌렸습니다. 하지만 실수로 망가뜨렸습니다. 친구에게 전화해서 상황을 설명하고, 상황을 해결하는데 도움이 되는 두세 가지 대안을 제시하세요.

02 I'm sorry, but there is a problem I need you to resolve. On the day of your beach trip, the weather is terrible. Call your friend to postpone it and give two to three alternatives.

미안하지만 당신이 해결해야 할 문제가 생겼습니다. 해변 여행을 가기로 한 날에, 날씨가 안 좋습니다. 친구에게 전화해서 여행을 연기하고 두세 가지 대안을 제시하세요.

03 I'm sorry, but there is a problem I need you to resolve. You just had a car accident, and you think you will be late for the holiday party. Call your friend, explain the situation, and offer two or three alternatives regarding the party.

미안하지만 당신이 해결해야 할 문제가 생겼습니다. 당신은 차사고가 나서 휴일 파티에 늦을 것 같습니다. 친구에게 전화해서 상황을 설명하고 파티에 관한 두세 가지 대안을 제시하세요.

04 I'm sorry, but there is a problem I need you to resolve. As soon as you arrive at the airport, you find out that your flight has been delayed, so you can't attend an important meeting today. Call your colleague and leave a message about the situation. Give two to three alternatives to solve the problem.

미안하지만 당신이 해결해야 할 문제가 생겼습니다. 공항에 도착하자마자 비행기가 연착된 것을 알게 되어 오늘 중요한 회의에 참석할 수 없게 되었습니다. 동료에게 전화를 걸어 상황에 대한 메시지를 남기세요. 그 문제를 해결하기 위해 두세 가지 대안을 제시하세요.

친구에게 빌린 MP3를
고장 낸 상황 설명, 대안 제시

IM-Unit39_1.mp3

 I'm sorry, but there is a problem I need you to resolve. You have borrowed your friend's MP3 player, but broke it on accident. Call your friend to explain the situation and offer two or three alternatives to help resolve the situation.

미안하지만 당신이 해결해야 할 문제가 생겼습니다. 당신은 친구의 MP3를 빌렸습니다. 하지만 실수로 망가뜨렸습니다. 친구에게 전화해서 상황을 설명하고, 상황을 해결하는데 도움이 되는 두세 가지 대안을 제시하세요.

질문 키워드	problem / resolve / borrowed / friend's mp3 player / broke / accident / call / friend / explain / situation / offer / alternatives
답변 키워드	친구에게 전화(call ~ friend) 하여 친구에게 빌린 MP3를 고장 낸 상황을 설명(borrowed ~ friends' MP3 player ~ broke ~ accident/explain ~ situation)하고 문제 해결을 위한 대안 제시(offer ~ alternatives ~ resolve the situation)를 하라는 질문이다. 답변은 친구에게 전화하여 인사 및 문제 언급/용건을 말한 뒤, 문제상황을 설명하고, 대안 제시로 1. 구매로 변상 2. 수리 변상 3. 현금 변상을 제시하고 사과와 인사로 통화를 마무리하도록 한다.

STORY TELLING 답변 연습

인사 및 용건	인사	Hey! It's me. How _____ ? (Nice~)
	문제 언급/용건	I am calling because I have some bad news about _____ .
	통화 가능 묻기	Do you _____ ? (ok~ great~)
문제상황 설명		The thing is, I _____ . I am really sorry.
대안 제시	새 물품 구매로 변상	So, I would _____ . Is that ok? (No? Really?)
	수리 변상	Then, I can _____ . What _____ ? (Come on~)
	현금 변상	Then, can I just _____ instead? (Yes? That's good~) Well, I am really sorry again.
인사		All _____ . Then, have a _____ . See you soon. Bye~

EXPRESSIONS 답변 핵심 표현

- It's me.
- I am calling because ~
- bad news about ~
- your MP3 player I borrowed
- The thing is,

(전화상으로) 나야.
~ 때문에 전화하다
~에 관한 안 좋은 소식
내가 빌린 너의 MP3 player
문제는, 중요한 것은

- accidently break it
- buy you a new one
- bring it to a repair shop
- get it fixed
- give you some money instead

실수로 고장 내다
너에게 새 것을 사주다
수리점에 가져가다
수리하다
대신 돈을 주다

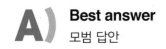

A) Best answer
모범 답안

질문 확인	인사 및 용건	인사	Hey! It's me. How are you? (Nice~) 친구야. 나야. 잘 지내? (나이스~)
		문제 언급/용건	I am calling because I have some bad news about <u>your MP3 player I borrowed</u>. 내가 전화한 이유는, 내가 빌린 너의 MP3 플레이어와 관련해서 안 좋은 소식이 있어서야.
		통화 가능 묻기	Do you have a minute? (Ok~ great~) 지금 잠깐 시간 돼? (잘 됐다~)
질문하기	문제상황 설명		The thing is, <u>I accidentally broke it</u>. 문제는, 내가 실수로 그걸 고장 냈어.
			I am really sorry. 정말 미안해.
	대안 제시	새 물품 구매로 변상	So, I would like to <u>buy you a new one</u>. Is that ok? (No? Really?) 그래서, 새 걸로 사주고 싶은데. 괜찮아? (싫다고? 정말?)
		수리 변상	Then, I can <u>bring it to a repair shop and get it fixed</u>. 그러면, 수리점에 가지고 가서 고칠 수 있어.
			What do you think? (Come on~) 네 생각은 어때? (그럼 내가 너무 미안하잖아~)
		현금 변상	Then, can I <u>just give you some money instead</u>? (Yes? That's good~) 내가 대신 돈으로 줘도 될까? (된다고? 다행이다~)
			Well, I am really sorry again. 음, 다시 한번 미안해.
마무리	감시 인사		All right. Then, have a good day. See you soon. Bye~ 그래. 그럼 좋은 하루 보내. 조만간 보자. 바이~

SENTENCES 답변 핵심 문장

④ 나는 ~ 하고 싶어. → I would like to ~.
I would like to buy you a new one. 새 걸로 사주고 싶어.
I would like to postpone our plan. 나는 우리 계획을 연기하고 싶어.
I would like to leave right now. 나 지금 바로 나가고 싶어.

⑤ 나는 ~할 수 있어. → I can ~.
I can bring it to a repair shop and get it fixed. 난 수리점에 가지고 가서 고칠 수 있어.
I can meet you when I get better. 나는 (아픈)몸이 나아지면 너를 만날 수 있어.
I can wait outside until you finish watching the movie. 난 네가 영화를 다 볼 때까지 밖에서 기다릴 수 있어.

⑥ 내가 ~해도 될까? → Can I ~?
cf. instead 는 부사라서 홀로 쓰입니다. 우리가 잘 알고 있는 "instead of"는 전치사로 뒤에 명사가 와서 함께 쓰입니다.
Can I just give you some money instead? 내가 대신 돈으로 줘도 될까?
Can I just call you later? 내가 나중에 전화해도 될까?
Can I just go get a refund for the ticket? 내가 가서 그냥 환불을 받아도 될까?

I'm sorry, but there is a problem I need you to resolve. As soon as you arrive at the airport, you find out that your flight has been delayed, so you can't attend an important meeting today. Call your colleague and leave a message about the situation. Give two to three alternatives to solve the problem.

미안하지만 당신이 해결해야 할 문제가 생겼습니다. 공항에 도착하자마자 비행기가 연착된 것을 알게 되어 오늘 중요한 회의에 참석할 수 없게 되었습니다. 동료에게 전화를 걸어 상황에 대한 메시지를 남기세요. 그 문제를 해결하기 위해 두세 가지 대안을 제시하세요.

질문 키워드	problem / resolve / arrive / airport / find out / flight / delayed / can't attend / meeting / call / colleague / leave a message / about / situation / alternatives
답변 키워드	동료에게 전화 메시지(call ~ colleague and leave a message)로 비행기 연착으로 회의 참석이 불가한 상황(flight ~ delayed ~ can't attend ~ meeting)과 문제를 해결하기 위한 대안 제시(alternatives ~ solve the problem)를 하라는 질문이다. 답변은 동료에게 남기는 전화 메시지에 인사 및 문제 언급/용건을 말한 뒤, 문제상황을 설명하고, 대안 제시로 1. 일정 변경 2. 대리 참석 3. 화상회의를 제시한 후 연락 요청 및 감사 인사로 메시지를 마무리하도록 한다. 주의할 점은, 메시지를 남기는 상황이므로 리액션이나 응답 없이 혼자 이야기하는 것과 마무리 인사로 연락 요청을 남기는 것이다.

STORY TELLING 답변 연습

인사 및 용건	인사	Hey! It's me. I hope _____ .
	문제 언급/용건	I am calling because I have some bad news about _____ .
	도움 요청	And I think I need _____ .
문제상황 설명		The thing is, I _____ . And I think I can't _____ today. I don't know when _____ .
대안 제시	1. 일정 변경	Can you _____ ?
	2. 대신 참석	If it doesn't work, can you _____ ?
	3. 화상회의	And if nothing works out, I can _____ at the airport.
연락 요청 및 감사 인사		Please give me a call when _____ . Thanks. Bye~

EXPRESSIONS 답변 핵심 표현

- It's me.   (전화상으로) 나야.
- I am calling because ~   ~ 때문에 전화하다
- The thing is,   문제는, 중요한 것은
- can't attend the meeting   회의에 참석할 수 없다
- give me a call   나에게 전화를 주다
- if that doesn't work,   만약 안되면

- bad news about the meeting today   오늘 회의에 관한 안 좋은 소식
- My flight has been delayed.   비행기가/비행편이 연착되다
- reschedule the meeting   회의 일정을 변경하다
- attend the meeting instead of me   나대신 회의에 참석하다
- if nothing works out,   만약 모두 아무것도 안 되면
- do a conference call   화상회의를 하다

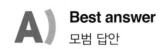

Best answer
모범 답안

질문 확인	인사 및 용건	인사	Hey! It's me. I hope you are doing ok. 헤이! 나야. 잘 지내고 있기를 바래.
		문제 언급/용건	I am calling because I have some bad news about <u>the meeting today</u>. 내가 전화한 이유는, 오늘 회의와 관련해서 안 좋은 소식이 있어서야.
		도움 요청	And I think I need your help. 그리고 내 생각엔, 당신 도움이 필요한 것 같아.
질문하기	문제상황 설명		The thing is, <u>I just found out that my flight has been delayed</u>. 문제는, 좀 전에 알게 됐는데 비행기가 연착됐어.
			And I think I can't <u>attend the meeting</u> today. 그리고 내 생각엔 오늘 회의에 참석 못 할 것 같아.
			I don't know when the flight will leave yet. 비행기가 언제 출발할지 아직 모르겠어.
	대안 제시	1. 일정 변경	Can you <u>reschedule the meeting to tomorrow</u> for me? 회의 일정을 내일로 변경해 줄 수 있을까?
		2. 대신 참석	If that doesn't work, can you <u>attend the meeting</u> instead of me? 만약 안되면, 나 대신 회의에 참석해 줄 수 있겠어?
		3. 화상회의	And if nothing works out, I can <u>do a conference call at the airport</u>. 그리고 아무것도 안되면, 내가 공항에서 화상회의를 할 수 있어.
마무리	감사 인사		Please give me a call when you get this message. Thanks. Bye~ 메시지 받으면 나에게 전화 부탁할게. 고마워~ 바이~

SENTENCES 답변 핵심 문장

⑤ 나는 오늘 ~을 못 할 것 같아. → I can't ~ today.
cf. today 오늘 / on time 제 시간에 / tonight 오늘 밤 / this week 이번 주 등의 여러가지 표현으로 상황에 맞게 쓰도록 한다.
I can't attend the meeting today. 오늘 회의에 참석 못 할 것 같아.
I can't get there on time. 제 시간에 거기에 도착 못 할 것 같아.
We can't stay here tonight. 우리 오늘 밤에 여기서 투숙 못 할 것 같아.

⑥ 나를 위해서 ~을 해줄 수 있을까? → Can you ~ for me?
Can you reschedule the meeting to tomorrow for me? 나를 위해서 회의 일정을 내일로 변경해 줄 수 있을까?
Can you reschedule the business trip to next week for me?
나를 위해서 출장 일정을 다음주로 조정해 줄 수 있을까?
Can you reschedule the party? 파티 일정을 조정할 수 있을까?
Can you book a different hotel? 다른 호텔을 예약할 수 있을까?

⑥ 나 대신 ~을 해 줄 수 있어? → Can you ~ instead of me?
Can you attend the meeting instead of me? 나 대신 회의에 참석해 줄 수 있어?
Can you go on the business trip instead of me? 나 대신 출장을 가줄 수 있어?
Can you call someone else to help prepare the party instead of me?
나 대신 다른 사람을 불러서 파티 준비를 도와달라고 할 수 있어?

Unit 40 면접관에게 역질문하기

이번 유형은 난이도를 3이나 4로 설정하였을 때 15번 문제로 출제됩니다. 면접관의 이름은 에바입니다. 에바가 질문에서 본인의 이야기를 한 후, 그것과 관련해서 역으로 본인에게 다시 질문해달라고 요청하는 유형입니다. 실제 면접관과 인터뷰를 하는 상황이므로 주고받는 대화 형식으로 답변하는 것이 좋습니다.

[빈출 문제] MAP에서 주제별로 살펴볼 수 있듯이 질문은 주로 직업이나 사는 곳, 취미, 여가 활동 등 Background Survey에서 고른 주제들과 관련하여 문제가 출제됩니다.

질문주제	나라	사는 곳, 나라
		그 나라 교통
		캐나다의 지리
	기본정보	사는 집
		이사간 새 집
		가족
		학교나 회사
	취미여가	좋아하는 영화 장르
		악기연주(바이올린)
		좋아하는 요리 (이탈리언 요리)
		쇼핑
		TV 프로그램
		즐겨하는 운동이나 운동복장
		산책
	기타	은행
		다니는 도서관
		재활용
		전화 통화

01 I live in an apartment. Please ask me three or four questions about the place I live in.
저는 아파트에 살고 있습니다. 제가 살고 있는 장소(집)에 대해 3~4개의 질문을 해주세요.

02 I also live with my family now. Ask me three or four questions about my family.
저는 또한 현재 가족과 함께 살고 있습니다. 저의 가족에 대해 3~4개의 질문을 해주세요.

03 I enjoy traveling, too. Please ask me three or four questions about traveling.
저 역시 여행을 좋아합니다. 여행에 관해 3~4가지 질문을 해주세요.

04 I play the violin in an orchestra. Please ask me three or four questions about my violin activities.
저는 오케스트라에서 바이올린을 연주합니다. 저의 바이올린 활동에 대해 3~4개의 질문을 해주세요.

에바가 살고 있는 아파트

IM-Unit40_1.mp3

 I live in an apartment. Please ask me three or four questions about the place I live in.
저는 아파트에 살고 있습니다. 제가 살고 있는 장소(집)에 대해 3–4개의 질문을 해주세요.

질문 키워드	live / apartment / ask me / about / place / live in
답변 키워드	에바가 살고 있는 아파트(apartment, about the place I live in)에 대해서 3~4개(three or four questions)의 질문(ask me)을 해야 하는 문제이다. 답변은 인사와 질문 확인으로 인터뷰의 시작을 알린다. 그리고 에바가 사는 1. 아파트 위치 2. 방 개수 3. 가장 좋아하는 방을 묻는다. 마지막으로 인터뷰에 응해준 것에 대한 감사 인사로 인터뷰를 마무리하도록 한다.

STORY TELLING 답변 연습

인사 및 용건	인사	Hi, Eva. It is really nice to talk to you.
	맞장구	I heard that _____ , too.
	질문 확인	So, I would like to ask you about _____ .
1. 아파트 위치	내 이야기	I live in _____ .
	질문 1	What about you Eva? Where _____ ?
	에바 답변에 리액션	Wow, in Toronto? That sounds awesome~!
2. 방 개수	내 이야기	In my apartment, there are _____ .
	질문 2	Eva, how many bedrooms _____ ?
	에바 답변에 리액션	Oh, 4 bedrooms~ That's great~!
3. 가장 좋아하는 방	마지막 질문 언급	I just have one more question for you.
	질문 3	What is _____ ?
	에바 답변에 리액션	Oh, I see.
감사 인사		Thanks for your time! I really appreciate it. I hope to talk to you again.

EXPRESSIONS 답변 핵심 표현

- about the place you live in   당신이 사는 곳에 대해서
- I would like to ask you about ~   ~에 관해서 묻고 싶다
- located in downtown Seoul   서울 시내에 위치한
- favorite room in your apartment   당신의 아파트에서 가장 좋아하는 방

- I heard that you ~, too.   당신도 ~하다고 들었다
- live in an apartment   아파트에 산다
- 3 bedrooms   방 3개

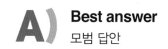

A) Best answer
모범 답안

질문 확인	인사 및 용건	인사	Hi, Eva. It is really nice to talk to you. 안녕하세요 에바. 이야기 나누게 되어 반갑습니다.
		맞장구	I heard that <u>you live in an apartment</u>, too. 당신도 아파트에 사신다고 들었어요.
		질문 확인	So, I would like to ask you about <u>the place you live in</u>. 그래서 저는 당신이 사는 곳에 대해서 물어보고 싶어요.
질문하기	1. 아파트 위치	내 이야기	I live in an apartment located in downtown Seoul. 저는 서울 시내에 위치한 아파트에 살아요.
		질문 1	What about you Eva? Where is your <u>apartment</u> located? 에바, 당신은요? 당신의 아파트는 어디에 위치해 있나요?
		에바 답변에 리액션	Wow, in Toronto? That sounds awesome~! 와, 토론토에요? 멋지네요.
	2. 방 개수	내 이야기	In my apartment, there are 3 bedrooms. 제 아파트에는 방이 3개 있어요.
		질문 2	Eva, how many <u>bedrooms</u> are there in <u>your apartment</u>? 에바, 당신의 아파트에는 방이 몇 개 있나요?
		에바 답변에 리액션	Oh, 4 bedrooms~ That's great~! 아, 침실 4개~ 좋네요~!
	3. 가장 좋아하는 방	마지막 질문 언급	I just have one more question for you. 질문이 딱 하나 더 있어요.
		질문 3	What is your favorite <u>room in your apartment</u>? 당신의 아파트에서 가장 좋아하는 방은 어디인가요?
		에바 답변에 리액션	Oh, I see. 아~ 그렇군요.
마무리	감사 인사		Thanks for your time! I really appreciate it. 시간 내 주셔서 고맙습니다. 진심으로 감사드립니다.
			I hope to talk to you again. 다시 이야기 나누기를 희망합니다.

SENTENCES 답변 핵심 문장

④ 당신의 ~은 어디에 위치해 있나요? → **Where is your ~ located?**
Where is your apartment located? 당신의 아파트는 어디에 위치해 있습니까?
Where is your house located? 당신의 집은 어디에 위치해 있습니까?
Where is your favorite beach located? 가장 좋아하는 해변의 위치는 어디입니까?

⑤ ~에는 몇 개의 ~가 있나요? → **How many + 명사 are there in + 장소?**
How many bedrooms are there in your apartment? → 당신의 아파트에는 방이 몇 개 있습니까?
How many bedrooms are there in your house? 당신의 집에는 방이 몇 개 있나요?
How many family members are there in your family? 당신의 가족 구성원은 몇 명입니까?

⑥ 가장 좋아하는 ~은 무엇인가요? → **What is your favorite + 명사?**
What is your favorite room in your apartment? 당신의 아파트에서 가장 좋아하는 방은 어디입니까?
What is your favorite Italian dish to cook? 당신이 요리하기 좋아하는 이탈리안 음식은 무엇입니까?
Who is your favorite family member? 당신이 가장 좋아하는 가족원은 누구입니까?
cf. Who 누구

에바의 여행

IM—Unit40_2.mp3

Q) I enjoy traveling, too. Please ask me three or four questions about traveling.
저 역시 여행을 좋아합니다. 여행에 관해 3–4가지 질문을 해주세요.

질문 키워드	traveling / ask me / about traveling
답변 키워드	에바의 여행(about traveling)에 대해서 3~4개(three or four questions)의 질문(ask me)을 해야 하는 문제이다. 답변은 인사와 질문 확인으로 인터뷰의 시작을 알린다. 그리고 에바가 1. 좋아하는 여행지 2. 여행을 같이 하는 사람 3. 여행을 좋아하는 이유를 묻는다. 마지막으로 인터뷰에 응해준 것에 대한 감사 인사로 인터뷰를 마무리하도록 한다.

STORY TELLING 답변 연습

인사 및 용건	인사	Hi, Eva. It is really nice to talk to you.
	맞장구	I heard that _____ , too.
	질문 확인	So, I would like to ask you about _____ .
좋아하는 여행지	내 이야기	I like to _____ .
	질문 1	What about you Eva? Where do you like to _____ .?
	에바 답변에 리액션	Wow, to Europe? That sounds awesome~!
여행을 같이 하는 사람	내 이야기	For me, I like to travel _____ .
	질문 2	Eva, Who do you like to _____ ?
	에바 답변에 리액션	Oh, with your friends~ That's nice~!
여행을 좋아하는 이유	마지막 질문 언급	I just have one more question for you.
	질문 3	Why do _____ ?
	에바 답변에 리액션	Oh, I see.
감사 인사		Thanks for your time! I really appreciate it. I hope to talk to you again.

EXPRESSIONS 답변 핵심 표현

- I heard that you ~, too.   당신도 ~하다고 들었다.
- enjoy traveling   여행을 즐기다
- I would like to ask you about ~   ~에 관해서 묻고 싶다
- about your travel   당신의 여행에 대해서

- like to travel abroad   해외 여행하는 것을 좋아하다
- travel with my family   가족과 여행을 하다
- like traveling   여행을 좋아하다

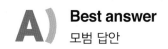

A) Best answer
모범 답안

질문 확인	인사와 질문 확인	인사	Hi, Eva. It is really nice to talk to you. 안녕하세요 에바. 이야기 나누게 되어 반갑습니다.
		맞장구	I heard that <u>you enjoy traveling</u>, too. 당신도 여행을 즐기신다고 들었어요.
		질문 확인	So, I would like to ask you about <u>your travel</u>. 그래서 저는 당신의 여행에 대해서 물어보고 싶어요.
질문하기	좋아하는 여행지	내 이야기	I like to travel abroad. 저는 해외여행 하는 것을 좋아합니다.
		질문 1	What about you Eva? Where do you like to <u>travel</u>? 에바, 당신은요? 당신은 어디를 여행하는 것을 좋아하시나요?
		에바 답변에 리액션	Wow, to Europe~ That sounds awesome~! 와, 유럽으로요~ 멋지네요.
	여행을 같이 하는 사람	내 이야기	For me, I like to travel with my family. 저는, 가족과 여행하는 것을 좋아합니다.
		질문 2	Eva~ who do you like to <u>travel</u> with? 에바, 당신은 누구와 여행하는 것을 좋아하시나요?
		에바 답변에 리액션	Oh, with your friends~ That's nice~! 아, 친구들과요~ 좋네요~!
	여행을 좋아하는 이유	내 이야기	I just have one more question for you. 질문이 딱 하나 더 있어요.
		질문 3	Why do you like <u>traveling</u>? 왜 당신은 여행하는 것을 좋아하시나요?
		에바 답변에 리액션	Oh, I see. 아~ 그렇군요.
마무리	감사 인사		Thanks for your time! I really appreciate it. 시간 내 주셔서 고맙습니다. 진심으로 감사드립니다.
			I hope to talk to you again. 다시 이야기 나누기를 희망합니다.

SENTENCES 답변 핵심 문장

④ 당신은 어디를 ~하는 것을 좋아하시나요? → **Where do you like to ~?**
Where do you like to travel? 당신은 어디를 여행하는 것을 좋아하시나요?
Where do you like to take a walk? 당신은 어디를 산책하는 것을 좋아하시나요?

⑤ 당신은 누구와 ~하는 것을 좋아하시나요? → **Who do you like to ~ with?**
Who do you like to travel with? 당신은 누구와 여행하는 것을 좋아하시나요?
Who do you like to take a walk with? 당신은 누구와 산책하는 것을 좋아하시나요?

⑤ 왜 당신은 여행하는 것을 좋아하시나요? → **Why do you like ~?**
Why do you like traveling? 왜 당신은 여행하는 것을 좋아하시나요?
Why do you like taking a walk? 왜 당신은 산책하는 것을 좋아하시나요?

모의
고사

TEST 1

Q1 Let's start the interview now. Tell me a little about yourself.

✎ memo

Q2 Tell me more about the weather in your country. Are there different seasons? Tell me about the weather in your country.

✎ memo

Q3 How was the weather today where you are now? Tell me about today's weather in detail.

🖉 memo

Q4 How has the weather in your country changed over the years? What was the weather like when you were a child? How was it different from the weather now?

🖉 memo

Q5 You indicated in the survey that you listen to music. What kind of music do you listen to? Who is your favorite musician or composer?

✎ memo

Q6 When and where do you usually go to listen to music? Do you listen to radio? Do you go to concerts? Tell me about the different ways you enjoy music.

✎ memo

Q7 When did you first become interested in music? What kind of music did you like first? Tell me how your interest in music developed from your childhood until today.

✏ memo

Q8 I'd like to talk about where you live. Tell me about your favorite room in your home. What does it look like?

✏ memo

Q9 Describe the home you lived in as a child. How different is your childhood home from the home you are living in now? Give me all the details.

✏ memo

Q10 Sometimes we want to change something in our home. Maybe you get new furniture or do some painting or decorating. Tell me about one change that you made for your home. Tell me why you decided to make that change and everything you had to do to make that change happen.

✏ memo

Q11 I'd like to give you a situation and ask you to act it out. You are planning a vacation abroad. Call your hotel and ask three or four questions about the weather of the country and what kind of clothes you should prepare.

 memo

Q12 I'm sorry there is a problem that you need to resolve. When you arrive on your vacation, you realize that you brought the wrong clothes for the weather. Call a clothing store and explain what happened in detail and make some arrangements to purchase new clothes as soon as possible.

memo

Q13 That's the end of the situation. Tell me about a time when you experienced unexpected weather conditions during a vacation. Tell me in detail of the unexpected weather conditions you have experienced.

 memo

Q14 You indicated in the survey that you stay at home for vacations. Who are the people you like to see and spend time with on your vacation?

memo

Ask me three or four questions about what I do during my vacation.

✏ memo

Let's start the interview now. Tell me a little about yourself.

[주제 소개] Well, my name is 김이박 and my English name is Michael. I'm in my early 40s and I've been working for ABC Electronics in the sales department as a manager.

[답변 전개] I live near Seoul with my family since I entered university. There are 4 people in my family, my wife, my two sons and myself. I am usually busy with work during the week but I always try to spend my time with my family on weekends. Since my wife is working, too, it is the only family time that we can do something together with our kids.

[답변 절정] When it comes to my personality, I guess I am very outgoing and sociable. That's why I like to hang out with my friends whenever I have some free time. Personally, I want to get more opportunities and be promoted so I study English and Chinese these days.

[결론] Anyway, that's about all I can think of about myself right now. Thanks!

문제 이제 인터뷰를 시작하겠습니다. 당신에 대해 말해주세요.

답변 제 이름은 김이박이고 영어 이름은 마이클입니다. 저는 40대 초반에 ABC Electronics의 영업 부서에서 매니저로 일했습니다. 저는 대학에 입학한 이후 가족과 함께 서울 근처에 삽니다. 저와 아내와 두 아들로 네 명의 가족입니다. 저는 보통 주중에는 일하느라 바쁩니다. 그러나 저는 항상 주말에는 가족과 함께 시간을 보내려고 노력합니다. 아내도 일하기 때문에 가족과 함께 할 수 있는 유일한 시간이기도 합니다. 제 성격은 매우 사교적이라고 생각합니다. 그래서 저는 자유 시간을 가질 때마다 친구들과 어울리고 싶습니다. 개인적으로, 저는 더 많은 기회를 얻고 승진하고 싶기 때문에 요즘 영어와 중국어를 공부합니다. 어쨌든 지금 제 자신에 대해 생각하는 모든 것을 말해봤습니다. 감사합니다.

 Tell me more about the weather in your country. Are there different seasons? Tell me about the weather in your country.

[주제 소개] There are 4 seasons in Korea: spring, summer, fall and winter. Each season offers different kinds of weather and atmosphere.

[답변 전개] In spring, it gets warmer and a little windy. Flowers are blooming everywhere and there are lots of cherry blossom festivals for people to enjoy. In summer, it gets super hot and humid. On top of that, there is a rainy season in the summer for a week or two. People get tired and annoyed easily.

[답변 절정] Fall comes right after summer, it gets cooler and it offers some of the most beautiful nature scenery. The mountains and trees get lots of color from the leaves changing, and the temperature is just perfect to do some outdoor activities and enjoy nature. Finally, after fall comes winter. it gets extremely cold and dry. Days get very short and nights get long. People can enjoy lots of winter sports.

[결론] Personally, I love all seasons but I guess my favorite one is spring, big time.

문제 당신의 나라의 날씨에 대해 말해주세요. 다른 계절들이 있나요? 날씨에 대해 자세히 말해주세요.

답변 봄, 여름, 가을, 겨울의 4계절이 있습니다. 계절마다 다양한 종류의 날씨와 분위기가 있습니다. 봄에는 따뜻하고 약간 바람이 붑니다. 이 사방에 피어서 사람들이 즐길 수 있는 벚꽃 축제가 있습니다. 여름에는 덥고 습합니다. 그 전에는 1~2 주 동안 비가 오는 계절이 있습니다. 사람들은 피곤하고 쉽게 짜증을 냅니다. 가을은 여름 직후에 시작되며 더 시원해지고 가장 아름다운 자연 경관을 보여줍니다. 산과 나무는 나뭇잎의 변화로 인해 많은 색을 띠며 온도는 야외 활동을 즐기고 자연을 즐기기에 완벽합니다. 마지막으로, 가을이 지난 후에 겨울에는 매우 추워지고 건조 해집니다. 하루가 매우 짧아지고 밤이 길어집니다. 사람들은 겨울 스포츠를 많이 즐길 수 있습니다. 개인적으로, 저는 모든 계절을 좋아하지만, 가장 좋아하는 시간은 봄입니다.

How was the weather today where you are now? Tell me about today's weather in detail.

[주제 소개] It is spring here in Korea now. It is getting warmer and the day is getting longer.

[답변 전개] You can see lots of flowers blooming everywhere and plants are sprouting out of the ground. The wind is gentler and the sunshine makes outdoor activities more enjoyable. Because of that, lots of people are going to the flower festival.

[답변 절정] But the thing is, the temperature gap between daytime and nighttime is huge during the spring, so we needed to bring an extra jacket. Not only that, the air quality is getting worse from air pollution from China, so people are wearing face masks. Today it is raining, so it is clearing the air of pollution, and also helping flowers grow. It is a sign that it will get hotter soon because summer is coming.

[결론] It seems like spring is getting very short these days. I hope we don't lose it.

문제 당신이 지금 있는 곳의 오늘 날씨는 어떤가요? 오늘 날씨에 대해 자세히 말해주세요.

답변 지금 한국은 봄입니다. 더워지면서 하루가 더 길어지고 있습니다. 꽃이 피어나고 식물들이 땅에서 돋아나고 있음을 볼 수 있습니다. 바람이 좀 더 부드럽고 햇살이 많으면 야외 활동이 더 즐겁습니다. 그 때문에 많은 사람들이 꽃 축제에 갑니다. 하지만, 낮과 밤의 기온 차가 심합니다. 그래서 우리는 여분의 외투를 가져와야 했습니다. 뿐만 아니라 대기가 중국의 대기 오염으로 악화되어 사람들은 얼굴에 마스크를 착용하고 있습니다. 오늘은 비가 내려서 오염된 공기가 깨끗해지고 꽃이 자라게 됩니다. 이 것은 여름이 오고 있기 때문에 좀 더 더워질 것을 알려줍니다. 요즘은 봄이 매우 짧아지고 있는 것 같습니다. 봄을 없어지지 않길 바랍니다.

How has the weather in your country changed over the years? What was the weather like when you were a child? How was it different from the weather now?

[주제 소개] I think it has changed a lot in many different ways between now and when I was a child.

[답변 전개] When I was a child, there were 4 distinct seasons in my country. But now it seems like there are only 2, like summer and winter. Obviously, we still have spring and fall, but it seems like they only last for about a week or two.

[답변 절정] Every year, summer gets way hotter and longer and winter gets way colder and longer. Not only that, ever since global warming has gotten more serious, a lot more weather-related problems have come along. But there is one thing that hasn't changed: there are still 4 seasons and people love to enjoy each season in many ways.

[결론] Those are the changes since I was young, and I hope we can get the 4 seasons back along with a much cleaner environment.

문제 시간이 지나면서 당신의 나라의 날씨는 어떻게 변했나요? 당신이 어렸을 때는 날씨가 어땠나요? 지금과 어떻게 달랐나요?

답변 어렸을 때부터 보면 여러 가지 영역에 많은 변화가 있었다고 생각합니다. 내가 어렸을 때 우리나라에는 4계절이 있었습니다. 하지만 이제는 여름과 겨울처럼 두 개 밖에 없는 것 같습니다. 분명히, 우리는 여전히 봄과 가을을 가지고 있지만 약 1~2 주 정도 되는 것처럼 보입니다. 매년 여름은 점점 더 더워지면서 길어지고 겨울은 점점 추워집니다. 뿐만 아니라 지구 온난화가 심각해지면서 날씨와 관련된 더 많은 문제가 발생했습니다. 그러나 변하지 않은 한 가지가 있습니다. 아직 4계절이 있고 사람들은 다양한 방법으로 각 계절을 즐기고 싶어한다는 것입니다. 어렸을 때부터 변화가 있었지만, 좀 더 깨끗한 환경과 함께 4계절을 되 찾기를 바랍니다.

Q5 **You indicated in the survey that you listen to music. What kind of music do you listen to? Who is your favorite musician or composer?**

[주제 소개] I usually listen to Korean pop music, because they are very catchy and unique. On top of that, the lyrics are very touching and fun as well. When I listen to it, it cheers me up and gives me more energy. That's why I usually listen to K-POP.

[답변 전개] When it comes to my favorite musician, it has to be 서태지. He is a singer, performer and composer. He had lots of hit songs back when I was young, so I have been a big fan of his music ever since I listened to him for the first time.

[답변 절정] He was a leader of the group called 서태지와 아이들 and he composed most of their songs and produced them as well. They had tons of hit songs and dances. After the group broke up, he composed and created his own style of music and continued to be a singer.

[결론] He is a legendary singer in Korea and all of his fans in my country are waiting for his new album.

문제 당신은 설문조사에서 음악을 듣는다고 했습니다. 어떤 종류의 음악을 듣나요? 가장 좋아하는 음악가나 작곡가는 누구인가요?

답변 저는 한국의 대중 음악이 아주 쉽고 독특하기 때문에 듣습니다. 게다가 가사는 매우 감동적이고 재미있습니다. 그것을 들으면 저에게 기운을 북돋아주고 더 많은 에너지를 줍니다. 그래서 보통 K-POP을 듣습니다. 제가 가장 좋아하는 음악가는 서태지입니다. 그는 가수이자 공연가이고 작곡가입니다. 그는 어렸을 때 많은 히트곡이 있었고 처음 노래를 들었을 때부터 열렬한 팬이었습니다. 서태지와 아이들이라는 그룹의 리더였으며 그는 대부분의 노래를 작곡하고 프로듀싱했습니다. 그들은 수 많은 노래와 춤을 보여줬습니다. 그룹이 해체된 후 그는 자신의 음악 스타일로 작곡하고 만들었으며 계속 노래하고 있습니다. 그는 한국의 전설적인 가수이며 우리나라의 모든 팬들이 새 앨범을 기다리고 있습니다.

Q6 **When and where do you usually go to listen to music? Do you listen to radio? Do you go to concerts? Tell me about the different ways you enjoy music.**

[주제 소개] I listen to music whenever I have some free time and can work on something else. I usually use my phone to listen to music.

[답변 전개] Most of the time I listen to music when I am using my computer to work or just sitting on the subway. I let the music play quietly or put in my headphones. It is always the best way to release my stress and relax.

[답변 절정] I sometimes listen to the radio when I drive. They play music randomly and it is a good way to listen to new music. But once in a while, I go to see a concert to enjoy a live performance. It is always nice to see the performer in person and enjoy singing along.

[결론] Come to think of it, I like to listen to music whenever I get the chance, and those are the different ways I enjoy music.

문제 주로 언제 어디서 음악을 듣나요? 라디오를 듣나요? 콘서트를 가나요? 당신이 음악을 즐기는 다른 방법들에 대해 말해주세요.

답변 저는 자유 시간이 있고 다른 일을 할 때마다 음악을 듣습니다. 저는 보통 휴대폰을 사용하여 음악을 듣습니다. 대부분 컴퓨터를 사용하거나 지하철에 앉아있을 때 음악을 듣습니다. 저는 음악을 조용히 켜서 헤드폰으로 듣습니다. 언제나 스트레스를 풀고 긴장을 풀 때 가장 좋은 방법입니다. 운전할 때 때때로 라디오를 듣습니다. 무작위로 새로운 음악을 듣는 좋은 방법입니다. 그러나 가끔은 라이브 공연을 즐기기 위해 콘서트를 보러 갑니다 연예인을 직접 만나고 함께 노래하는 것을 즐기는 것은 항상 좋습니다. 생각해 보니, 저는 기회가 있을 때마다 음악을 듣고 싶습니다. 이것이 제가 음악을 즐기는 다양한 방법입니다.

When did you first become interested in music? What kind of music did you like first? Tell me how your interest in music developed from your childhood until today.

[주제 소개] I first became interested in listening to music back in middle school. I liked pop music first and I still clearly remember the day I discovered it.

[답변 전개] I used to leave the radio on in my room when I was studying. It helped me focus and stay calm at the same time.

[답변 절정] One day, a song started playing on the radio that just moved me. It was "Wannabe" by the Spice Girls. I had never heard a song like it before and I wanted to hear it again. So, I researched information about the song and bought the CD right away. I listened to it a million times on repeat. Since then, I just kept finding new music to enjoy and still do.

[결론] My interest in music hasn't changed that much. I just learned to enjoy more different kinds of music between my childhood and now. Listening to music is just one of the best ways to release my stress.

문제 음악에 처음 관심을 가지게 된 때는 언제인가요? 처음에 어떤 종류의 음악을 좋아했나요? 어렸을 때부터 지금까지 음악에 대한 관심이 어떻게 변해왔는지 말해주세요.

답변 저는 중학교 때 음악을 듣는 것에 관심을 갖게 되었습니다. 팝 음악이 제일 좋았고 알게 된 날을 분명히 기억합니다. 저는 공부할 때 라디오를 방에 두었습니다. 라디오가 집중하면서 진정되도록 도와줬습니다. 어느 날, 라디오에서 저를 감동시킨 노래가 연주되기 시작했습니다. 스파이스 걸즈의 "워너비"였습니다. 전에는 그런 노래를 듣지 못했고 다시 들어보고 싶었습니다. 그래서 노래에 대한 정보를 찾아보고 즉시 CD를 구입했습니다. 저는 반복하여 100만 번을 들었습니다. 그 이후로, 계속 즐기면서 여전히 새로운 음악을 찾고 있습니다. 음악에 대한 나의 관심은 그다지 변하지 않았습니다. 저는 어린 시절과 지금에 이르기까지 더 많은 종류의 음악을 즐기는 법을 배웠습니다. 음악 듣기는 스트레스를 풀어주는 가장 좋은 방법 중 하나입니다.

I'd like to talk about where you live. Tell me about your favorite room in your home. What does it look like?

[주제 소개] I live in a 3-bedroom apartment in Seoul located near a 대치 subway line. It is pretty comfortable to live there and commute to work every day.

[답변 전개] My favorite room in my house is definitely my living room. That's because this is the place where I spend a lot of time when I am at home.

[답변 절정] It is not that big but not that small. I don't have a lot of decorations in my living room, but I do have a huge couch and a flatscreen TV. I think it is pretty trendy and comfortable enough. The thing I usually do is, I take a rest or surf the web on my phone while lying on the couch.

[결론] I get to relax in many ways in my living room, so that's why it is my favorite room.

문제 당신이 사는 곳에 관해서 이야기하고 싶습니다. 당신의 집에서 가장 좋아하는 방에 대해 말해주세요. 어떻게 생겼나요?

답변 저는 서울 대치역 근처에 침실 3개짜리 아파트에서 삽니다. 살기 꽤 편안하고 직장에 출퇴근하기도 편합니다. 제가 가장 좋아하는 방은 확실히 거실입니다. 왜냐하면 제가 집에서 가장 시간을 많이 보내는 곳이기 때문입니다. 거실은 그렇게 크지도 작지도 않습니다. 장식도 많이 없지만 큰 소파와 평면 TV가 있습니다. 나름 최신 유행이고 편하다고 생각합니다. 저는 주로 소파에 누워서 쉬거나 핸드폰으로 웹 서핑을 합니다. 저는 거실에서 휴식을 취할 수 있기 때문에 이 곳이 제가 가장 좋아하는 방입니다.

Q9 **Describe the home you lived in as a child. How different is your childhood home from the home you are living in now? Give me all the details.**

[주제 소개] The house I lived in as a child was not that different from the one I live in now.

[답변 전개] But the biggest differences between the two of them are the number of rooms and the location. When I was young, I lived in a 3-bedroom apartment with my parents. It was way more spacious and bigger, and it was located in the suburbs, so it was a lot more peaceful. Plus, my parents used to have way more trendy and expensive decorations.

[답변 절정] But now, I live in a studio apartment. It is located in a big condominium apartment complex in the city, and it is a lot louder and busier. All I have in my house are just a few pieces of simple furniture and they are very inexpensive but trendy.

[결론] Those are the differences between my house when I was a child and my house now.

문제 어렸을 때 살던 집을 묘사해 주세요. 지금 살고 있는 집과 어렸을 때 집은 어떻게 다른가요? 자세히 말해주세요.

답변 제가 어렸을 때 살던 집은 지금 살고 있는 집과 별로 다르지 않습니다. 하지만 가장 큰 차이점은 방의 개수와 장소입니다. 제가 어렸을 때는 침실 3개짜리 아파트에서 살았습니다. 훨씬 넓고 컸으며 교외에 위치해있었기 때문에 훨씬 평화로웠습니다. 더불어 부모님은 비싸고 최신 유행하는 장식품들이 훨씬 많이 있었습니다. 하지만 지금 저는 원룸에 살고 있습니다. 도시에 큰 콘도 아파트 단지에 위치해 있으며 훨씬 시끄럽고 혼잡합니다. 집에는 몇 가지 단순한 가구들 밖에 없으며 아주 저렴하지만 최신 유행입니다. 제가 어렸을 때 살던 집과 지금 살고 있는 집의 차이점들입니다.

 Q10 **Sometimes we want to change something in our home. Maybe you get new furniture or do some painting or decorating. Tell me about one change that you made for your home. Tell me why you decided to make that change and everything you had to do to make that change happen.**

[주제 소개] A couple of years ago, I redecorated my current apartment because I had just moved in there.

[답변 전개] It looked too tiny and out of fashion, so I decided to redecorate a few things.

[답변 절정] The first thing I did was hire a redecorator to make the apartment more trendy and comfortable to live in. They replaced the wallpaper and floor mats. They also put LED lights everywhere in the whole house to make it brighter since the lightbulbs were getting old and some of them were blinking or had gone out. And the next thing I did was buy a big couch for my living room.

[결론] The whole project worked out way better than I expected. Every change I made for the new apartment matched the new atmosphere really well.

문제 때때로 우리는 집에 어떤 변화를 주기를 원합니다. 아마 새로운 가구를 사거나 페인트칠을 하거나 장식을 하는 것일 수도 있습니다. 당신의 집에 준 변화 한 가지에 대해 말해주세요. 변화를 주기로 결심한 이유와 변화를 주기 위해 당신이 해야했던 모든 일들에 대해 말해주세요.

답변 몇 년 전 저는 새로 이사를 왔기 때문에 지금 살고 있는 집을 개조했습니다. 집은 너무 작아 보였고 유행이 지나 보였기 때문에 개조하기로 결정했습니다. 처음으로 한 일은 도배업자를 고용한 것입니다. 도배업자는 벽지와 마루 매트를 교체했습니다. 그리고 조명이 오래되었고 깜박이거나 이미 꺼져있어서 집 전체를 밝게 하기 위해서 LED 조명으로 교체했습니다. 그 다음 저는 거실에 놓을 큰 소파를 샀습니다. 프로젝트는 예상했던 것보다 훨씬 잘 진행 되었습니다. 새 아파트에 바꾼 모든 것이 새로운 분위기와 잘 맞았습니다.

I'd like to give you a situation and ask you to act it out. You are planning a vacation abroad. Call your hotel and ask three or four questions about the weather of the country and what kind of clothes you should prepare.

[문제확인] Hi! I'm calling you to ask some questions about my stay at your hotel. Do you have time to talk right now? I will be arriving soon and want some information about a trip to your country.

[질문하기] Can you please tell me what the weather is like in the country right now? Will the weather require me to pack warm clothing? What is the most popular tourist destination in the country? Also, what destinations would you recommend at this time of year? I would like to see what restaurants are recommended near the hotel. Do you have a website I can take a look at? I just have one more question. I am wondering, are there any festivals going on in the country?

[마무리] Thanks for your help, I really appreciate it. I hope to see you at the hotel. Bye.

문제 상황을 드릴 테니 역할극을 해주세요. 당신은 해외 휴가를 계획 중에 있습니다. 호텔에 전화를 걸어 그 나라의 날씨와 준비해야 할 옷의 종류에 대해 질문을 해주세요.

답변 안녕하세요. 저는 호텔에 숙박에 대해서 몇 가지 질문이 있어서 전화했습니다. 통화할 시간 있으세요? 저는 곧 도착할 예정이고 당신의 나라에 여행에 대해서 정보를 얻고자 합니다. 지금 날씨가 어떤지 알려주시겠습니까? 따뜻한 옷을 챙겨야 할까요? 거기에서 가장 인기있는 관광지는 어디인가요? 그리고 이맘때에 추천해 주실 관광지는 어디인가요? 호텔 근처에 레스토랑들을 보고 싶습니다. 혹시 웹사이트가 있습니까? 정말 감사합니다. 호텔에서 뵙겠습니다. 안녕히 계세요.

I'm sorry there is a problem that you need to resolve. When you arrive on your vacation, you realize that you brought the wrong clothes for the weather. Call a clothing store and explain what happened in detail and make some arrangements to purchase new clothes as soon as possible.

[문제확인] Hi! Excuse me, can I get some help? Thanks. I am traveling here and I thought it would be way hotter so I packed all my summer clothes, but I just found out that it is the rainy season here and all of my clothes I bought are not warm enough. So, I am thinking to buy a light jacket at your store.

[질문하기] I am staying at ABC hotel now, do you mind giving me directions to your store? I would like to buy a cheap jacket. Do you think it is possible to find one for less than 100 dollars? Actually, I am thinking to go there right now to buy it. Can you tell me what are your business hours like? Just one more question, does your store take a VISA card?

[마무리] Thanks so much. I really appreciate your help. I will be there in 30 minutes, see you soon.

문제 미안하지만, 당신이 해결해야 하는 문제가 생겼습니다. 휴가지에 도착했을 때, 당신은 날씨에 맞지 않는 옷을 가져왔다는 것을 깨달았습니다. 옷가게에 전화를 걸어, 상황을 설명한 후, 가능한 빨리 새로운 옷을 구매할 약속을 잡으세요.

답변 안녕하세요. 실례합니다. 혹시 도와주실 수 있나요? 감사합니다. 저는 이 곳에 여행 중이고 이보다 훨씬 더울 줄 알고 여름 옷만 챙겼는데 여기가 장마 계절이라서 제가 가져온 옷들이 충분히 따뜻하지 않습니다. 따라서 이 상점에서 가벼운 재킷 하나를 구매하려고 합니다. 저는 지금 ABC호텔에서 머물고 있습니다. 가게로 가는 길을 알려주실 수 있습니까? 저는 값싼 재킷을 사고 싶습니다. 100달러 미만으로 구매 할 수 있을까요? 사실 지금 가서 살 생각입니다. 영업시간이 어떻게 되나요? 마지막 질문 하나 하겠습니다. 비자 카드도 받나요? 도움 주셔서 정말 감사합니다. 30분 후에 찾아 가겠습니다. 이따 뵙겠습니다.

That's the end of the situation. Tell me about a time when you experienced unexpected weather conditions during a vacation. Tell me in detail of the unexpected weather conditions you have experienced.

[주제 소개] I remember a time when there was a typhoon while I was on vacation in the Philippines, and I didn't expect it at all.

[답변 전개] But as soon as I got to my hotel from the airport, I realized it was pretty heavy and a little dangerous. It rained a lot and the wind blew everything around. I didn't see any people at the beach.

[답변 절정] I was walking around the resort with an umbrella but I got soaking wet in a second. There was nothing I could do about it. So, I had to go back to my hotel room and stayed there for 2 days until the typhoon went away. I couldn't go sightseeing and enjoy the beach at all. I just went to a shopping mall to shop and watched local TV in my room for the entire trip.

[결론] It was worse than I thought. And it was very scary, too.

[문제] 마지막 상황입니다. 휴가 중에 예상치 못한 날씨 경험에 대해 말해주세요. 당신이 경험한 예상치 못한 날씨의 상태가 어땠는지 자세히 말해주세요.

[답변] 저는 필리핀에서 휴가를 보내고 있을 때 태풍이 있었던 적이 있습니다. 저는 전혀 예상하지 못했습니다. 저는 공항에서 호텔로 도착하자 마자 태풍이 꽤 강하고 조금 위험하다는 것을 알았습니다. 비가 많이 오고 바람이 모든 것을 날아가게 했습니다. 해변에는 아무도 보이지 않았습니다. 저는 우산을 들고 리조트 주변을 걷고 있었지만 한 순간에 흠뻑 젖었습니다. 아무것도 할 수 없었습니다. 그래서 저는 호텔로 돌아가 2일 동안 거기서 머물렀습니다. 관광도 할 수 없었고 해변을 즐길 수도 없었습니다. 그저 쇼핑몰에 가서 쇼핑을 하고 여행 내내 현지의 TV만 봤습니다. 제가 생각한 것 보다 더 심했고 정말 무서웠습니다.

 You indicated in the survey that you stay at home for vacations. Who are the people you like to see and spend time with on your vacation?

[주제 소개] I like to stay at home during vacations since I am too busy with my work and family things all the time.

[답변 전개] When I have time off, I most like to catch up on my household chores and take care of my personal stuff like going shopping, visiting my parent's house, and sleeping in. It is a relaxing way to spend my vacation time and the best way to recharge.

[답변 절정] And when it comes to the people I like to see and spend time with on my vacation, they are, of course, my family and friends. We make up for lost time and talk about what is going on in our daily lives.

[결론] During my vacations at home, I feel like I can really connect with everyone and get new energy for work again.

[문제] 당신은 설문조사에서 집에서 휴가를 보낸다고 했습니다. 휴가 동안 누구와 만나서 시간을 보내고 싶은가요?

[답변] 저는 평소에 일과 가족 일들 때문에 너무 바쁘기 때문에 휴가 때는 집에서 쉬는 것을 좋아합니다. 저는 쉬는 시간이 있을 때 주로 밀린 집안일을 하고 쇼핑과 같은 개인적인 일을 하며 부모님 댁을 방문하고 늦잠도 잡니다. 휴가를 보내기 편한 방법이며 재충전하기 가장 좋은 방법입니다. 그리고 휴가 중 보고 싶은 사람들은 물론 가족과 친구들입니다. 못 보았던 시간 동안 무슨 일이 있었는지 그리고 서로의 일상에 대해 이야기합니다. 휴가를 집에서 보낼 때 저는 모든 사람들과 진정하게 소통을 할 수 있고 다시 일할 수 있는 힘을 얻게 됩니다.

Ask me three or four questions about what I do during my vacation.

[문제확인] Hi, Eva. It is really nice to talk to you. Wow, it is very nice that you like taking vacations, too. And, if you don't mind, I would like to ask you about your vacation.

[질문하기] I like to do lots of things during my vacations. But my favorite thing to do is travel. I traveled to Hawaii for my last vacation. What about you Eva? Do you like traveling? Where did you travel for your last vacation? Another thing I enjoy a lot is hanging out with my friends during my vacation. Do you mind telling me who you like to hang out with? Can you tell me what you like to do with them? I just have one more question. What do you like the most about taking a vacation?

[마무리] I think we have a lot in common. Thanks for your time! I hope to talk to you again sometime soon.

문제 나의 휴가 동안 내가 할 일에 대해 3-4가지 질문을 해보세요.

답변 안녕 Eva. 이야기할 수 있어서 정말 좋네요. 와, Eva도 휴가를 좋아한다니까 정말 좋네요. 괜찮으면 휴가에 대해서 몇 가지 질문을 해보겠습니다. 저는 휴가 때 여러가지 일들을 하기 좋아합니다. 하지만 가장 좋아하는 것은 여행입니다. 지난 번에는 하와이를 다녀왔습니다. Eva는? 여행을 좋아하나요? 지난 휴가 때 어디로 여행을 갔나요? 또 한 가지 내가 좋아하는 것은 친구들과 시간을 보내는 것입니다. Eva는 누구랑 시간을 보내기를 좋아하는 지 말해줄 수 있나요? 같이 만나면 무엇을 하나요? 그리고 마지막 질문 하나 하겠습니다. 휴가 보낼 때 무엇이 제일 좋나요? 우리는 참 공통점이 많은 것 같습니다. 시간 내줘서 감사합니다! 또 이야기 나누길 바랍니다.

모의고사

TEST 2

Q₁ Let's start the interview now. Tell me a little about yourself.

✎ memo

Q₂ In your background survey, you indicated that you like to go shopping. Talk about stores or shopping centers In your country. What are they like? Describe them in detail.

✎ memo

Q3 Think back to a memory of going shopping as a child. Where did you go to and what did you buy? What was special about that early memory?

✎ memo

Q4 Describe a memorable or interesting experience you have ever had. What made this experience so unforgettable? Please give me a lot of details.

✎ memo

Q5 Do people use computers, cell phones or hand-held devices in your country? What are some typical forms of technology people use these days?

✎ memo

Q6 Which piece of technology do you use most often? Do you use computers or mobile phones? Tell me about the most typical type of technology you use every day.

✎ memo

Q7 What are some different traits of computers or mobiles phones compared to those when you were a child? What did they look like in the past? Tell me everything about the changes that advancements in technology have brought over time.

/ memo

Q8 In your background survey, you indicated that you take trips domestically. Tell me about some of the places you like to travel to and why you like going there.

/ memo

Q9 What kinds of things do you like to do when you go to the beach? Tell me about the activities you typically do when you go to the beach.

> 🖉 memo

Q10 Tell me about some of the trips that you took in your youth. Where did you go? Who did you go with? And what did you do or see during those early trips?

> 🖉 memo

Q11 I'd like to give you a situation and ask you to act it out. You're meeting your colleague to talk about a new project. Call your colleague and ask about when and where you meet.

✎ memo

Q12 I'm sorry, but there is a problem I need you to resolve. You are supposed to meet your colleague today, but you are too busy. Call your colleague to explain the situation and give two to three alternatives.

✎ memo

Q13 That's the end of the situation. Have you ever had a problem with a particular project? What was the problem and how was it resolved? Please give me a lot of details.

 memo

Q14 I would like to know where you live. Can you describe your home to me? What does it look like? How many rooms does it have? Give me a description with lots of details.

✏ memo

Q15 I live in an apartment. Please ask me three or four questions about the place I live in.

✏️ **memo**

Let's start the interview now. Tell me a little about yourself.

[주제 소개] Well, my name is 김이박 and my English name is Michael. I'm 23. I live off campus with my parents and younger brother.

[답변 전개] I go to school at 한국 University and major in engineering. I am a junior. I am very outgoing and sociable. I like to spend time with my friends to do things like play basketball or drink at a bar. I also like to meet new people to build my social network. I am doing an internship these days under my professor to get experience and learn about my field. Hopefully, that can help me to get a better job.

[답변 절정] After I graduate, I hope to be able to work as a professor at a major university, because I've always wanted to be a successful teacher in an academic field. But I am also interested in getting a job at a major company as well.

[결론] Anyway, that's about all I can think of right now. Thanks!

문제 이제 인터뷰를 시작하겠습니다. 당신에 대해 말해주세요.

답변 저는 김이박이고 영어 이름은 Michael 입니다. 23세입니다. 저는 교외에서 부모님과 남동생과 함께 삽니다. 저는 한국대학교를 다니고 전공은 공학입니다. 3학년입니다. 저는 매우 외향적이며 사교적입니다. 저는 친구들과 농구를 하거나 같이 술을 마시며 시간을 보내는 것을 좋아합니다. 저는 저의 소셜 네트워크를 키우기 위해 새로운 사람들을 만나는 것을 좋아합니다. 저는 제 전문분야를 배우고 경험을 쌓기 위해 제 지도교수 아래에서 인턴을 하고 있습니다. 바라건대 인턴을 해서 추후에 더 좋은 직업을 가졌으면 좋겠습니다. 저는 항상 학술 분야에서 성공적인 교사가 되고 싶었기 때문에 졸업 이후에 주요 대학교에서 교수를 하고 싶습니다. 하지만 주요 회사에 취업하는 것도 관심이 있습니다. 어쨌든 제가 생각나는 건 이게 다입니다. 감사합니다.

 In your background survey, you indicated that you like to go shopping. Talk about stores or shopping centers in your country. What are they like? Describe them in detail.

[주제 소개] Shopping centers in my country are not that different from shopping centers around the world, and I can tell you a little about them.

[답변 전개] There are many types of shopping centers here and some are good and of course, some are not. You can find all different kinds of shopping centers in the country, and they are usually located downtown near subway stations, business districts, or tourist areas.

[답변 절정] They are usually big and you can see many big advertisements on the buildings. When you go inside, they have different types of stores just like shopping centers in other countries. And most big stores are multiplex buildings, so people can do lots of things at once. Mostly they offer many kinds of amenities and facilities, like restaurants, movie theaters, bars, and normal things like that.

[결론] It is normally very convenient and comfortable to go to a shopping center in my country.

문제 당신은 설문조사에서 쇼핑하기를 좋아한다고 했습니다. 당신의 나라에 있는 상점이나 쇼핑 센터에 대해 말해주세요. 어떻게 생겼나요? 자세히 묘사해 주세요.

답변 우리나라의 쇼핑센터는 전 세계에 쇼핑센터들과 큰 차이가 없습니다. 그에 대해서 조금 이야기 하겠습니다. 우리나라에는 여러 가지 종류의 쇼핑센터들이 있으며 어떤 곳은 좋지만 어떤 곳은 물론 안좋습니다. 우리나라에는 여러 종류의 쇼핑센터를 찾을 수 있으며 주로 시내에 위치해 있으며 주로 지하철역 근처나 상업 지역이나 관광 지역에 위치해 있습니다. 쇼핑센터는 주로 큰 건물이며 외부에는 커다란 광고를 여러 개 볼 수 있습니다. 안으로 들어가면 다른 나라의 쇼핑센터와 같이 여러 종류의 매장이 있습니다. 그리고 대형 매장들은 대부분 다목적 매장이라 사람들은 여러 가지 일들을 한 번에 할 수 있습니다. 주로 편의시설과 레스토랑과 영화관, 술집과 같은 시설들이 있습니다. 우리나라의 쇼핑센터에 가는 것은 편리합니다.

Q3 **Think back to a memory of going shopping as a child. Where did you go to and what did you buy? What was special about that early memory?**

[주제 소개] I remember a time when I was a child and went shopping with my mom. She took me to the toy store.

[답변 전개] It was my birthday and the store was just right around the corner from my house. So, we went there and we looked for one of the toys I wanted the most. We looked all around the store for a while, but we couldn't find it.

[답변 절정] My mother asked the clerk if they had the toy in stock, but he couldn't find one anywhere. But my mother didn't give up and kept looking. Then, just before we left, she actually found one hidden in the back.

[결론] It is a special memory for me since I found out how much my mom never gave up to get me what I wanted.

문제 어렸을 때 쇼핑을 하러 갔었던 기억을 떠올려 보세요. 어디로 쇼핑을 갔나요? 무엇을 샀나요? 그 기억의 특별한 점은 무엇인가요?

답변 나는 어렸을 때 엄마와 함께 쇼핑했을 때를 기억합니다. 엄마는 저를 장난감 가게에 데려갔습니다. 제 생일이었고 우리 집에서 모퉁이를 돌면 가게가 있었습니다. 그래서 우리는 거기에서 가장 좋아하는 장난감 중 하나를 찾았습니다. 우리는 한동안 둘러 봐도 찾을 수 없었습니다. 엄마는 점원에게 장난감이 있는지 물어 봤지만 찾을 수 없었지만, 엄마는 포기하지 않고 계속 찾아보았습니다. 그런 다음, 우리가 떠나기 직전에, 그녀는 실제로 뒤편에 숨겨진 것을 발견했습니다. 내가 원하는 것을 위해서 엄마가 포기하지 않았다는 것이 나에게 특별한 기억입니다.

 Q4 **Describe a memorable or interesting experience you have ever had. What made this experience so unforgettable? Please give me a lot of details.**

[주제 소개] A couple of weeks ago, I went shopping with my family for my winter clothes and that was very memorable.

[답변 전개] At that time we went to the ABC department store which is located downtown. We shopped around to find the best one at a reasonable price and finally found a store that had one.

[답변 절정] I asked them to give me an extra-large size to try on, but it didn't fit at all, and the bigger one was out of stock. I knew I had gained some extra weight from my stress and lots of team dinners, but I didn't know I had gained that much. I was really frustrated and stressed.

[결론] So I decided to order them online from an American website. It was way cheaper and had more designs to choose from. Since then, I always buy things online. It was not a good memory but I can't forget when that happened.

문제 기억에 남거나 흥미로운 경험에 대해 묘사해 주세요. 왜 그 경험을 잊을 수 없나요? 가능한 자세히 묘사해 주세요.

답변 2~3 주 전, 겨울 옷을 사려고 가족과 쇼핑을 하러 갔습니다. 아주 기억에 남아요. 우리는 도심에 위치한 ABC 백화점에 갔습니다. 합리적인 가격으로 최고의 물건을 찾기 위해 쇼핑했고 마침내 가게를 발견했습니다. 제가 입어 볼 사이즈를 달라고 요청했지만, 전혀 맞지 않았고, 더 큰 것이 부족했습니다. 저는 스트레스와 많은 저녁 식사 모임으로 더 살이 쪘다는 것을 알았지만 그 정도로 살찐 줄은 몰랐습니다. 저는 정말로 좌절했고 스트레스를 받았습니다. 미국 웹 사이트에서 온라인 주문을 하기로 했습니다. 더 저렴하고 선택할 더 많은 디자인이 있었습니다. 그 이후로, 저는 항상 물건을 온라인으로 삽니다. 그 일은 좋은 추억이 아니었지만 잊을 수 없습니다.

Do people use computers, cell phones or hand-held devices in your country? What are some typical forms of technology people use these days?

[주제 소개] Yes, people in my country use all the devices you mentioned in the question.

[답변 전개] Personally, I am pretty sure that everyone knows that smartphones are one of the most popular devices these days. It is an extremely useful all-in-one device and it can go online, so people use it for almost anything you can imagine.

[답변 절정] Another typical form of technology would be laptop computers. When people need to work or study outside of the home or the office, they usually carry them around and use them in many different ways, like making presentations or watching training videos. And the last device people use a lot these days is a tablet. Many people use it instead of paper and it looks very professional and stylish as well.

[결론] I think these devices are very convenient and helpful for everyone.

[문제] 당신의 사람들은 컴퓨터나 휴대폰, 소형 기기를 사용하나요? 오늘날 사람들이 가장 많이 사용하는 기계는 무엇이 있나요?

[답변] 네. 우리나라 사람들은 당신이 질문했던 모든 기기를 사용합니다. 개인적으로 스마트폰이 요즘 가장 인기있는 기기라는 것을 모두가 알고 있습니다. 매우 실용적인 올인원(all-in-one) 장치이며 온라인에서 사용할 수 있으므로 사람들은 상상할 수 있는 거의 모든 것을 위해 사용합니다. 기술의 또 다른 전형적인 형태는 노트북 컴퓨터일 것입니다. 사람들이 집이나 사무실 밖에 일하거나 공부할 때 대개 프레젠테이션을 하거나 교육 비디오를 보는 등 다양한 방법으로 사용합니다. 요즘 사람들이 많이 사용하는 마지막 기기는 태블릿입니다. 많은 사람들이 종이 대신 사용하고 매우 전문적이고 세련된 것처럼 보입니다. 이 기기들은 모두에게 매우 편리하고 도움이 된다고 생각합니다.

 Which piece of technology do you use most often? Do you use computers or mobile phones? Tell me about the most typical type of technology you use every day.

[주제 소개] I use my smartphone all day long, every day, as much as I use a computer.

[답변 전개] But since I can carry around my smartphone and use the internet with it, I think I use my smartphone a lot more often when I am working at the office. And it is an all-in-one device, so I can use it for almost everything for work or personal stuff.

[답변 절정] Almost every day, I read the daily news on many different websites, and surf the internet whenever I need to get some information. Not only that, I listen to music, play games, and shop online with it. Plus, I use a chat application to talk to people and organize my online calendar which helps me to stay focused on my schedule.

[결론] I don't think I can live without it even for a second, and it is one of the best devices I've ever used in my life.

[문제] 당신은 어떤 기계를 가장 많이 사용하나요? 컴퓨터나 휴대폰을 사용하나요? 당신이 매일 가장 많이 사용하는 기계에 대해 말해주세요.

[답변] 저는 컴퓨터를 사용하는 만큼 매일 스마트폰을 사용합니다. 저는 스마트폰을 휴대하고 인터넷을 사용할 수 있기 때문에 사무실에서 일할 때 훨씬 더 자주 스마트폰을 사용한다고 생각합니다. 그리고 올인원(all-in-one) 장치이므로 업무용이나 개인용으로 거의 모든 작업에 사용할 수 있습니다. 거의 매일 여러 다른 웹 사이트에서 뉴스를 읽었고, 정보가 필요할 때마다 인터넷 서핑을 했습니다. 뿐만 아니라, 음악을 듣고, 게임을 하고, 온라인으로 쇼핑을 합니다. 또한 채팅 프로그램을 사용하여 사람들과 대화하고 제 일정에 집중할 수 있는 온라인 캘린더를 정리합니다. 저는 잠시라도 쓰지 않아도 된다고 생각하지 않습니다. 그리고 제가 평생 사용한 최고의 기기 중 하나입니다.

Q7

What are some different traits of computers or mobiles phones compared to those when you were a child? What did they look like in the past? Tell me everything about the changes that advancements in technology have brought over time.

[주제 소개] Technology has changed a lot in the last 10 to 20 years. When I was a child, computers and phones were not like they are these days. They were not highly developed and connected to the internet like these days.

[답변 전개] We did have some cell phones, but the thing was, they could only make phone calls and send text messages. They looked bigger and thicker than phones do now, and we couldn't use the internet, either. They were also made of cheaper materials.

[답변 절정] Also, computers were a lot slower and bigger when I was young, so older laptops were more difficult to carry around and they took up more space in your home. These days laptops are way thinner and lighter, and we can use Wi-Fi to connect to the internet almost anywhere.

[결론] In my opinion, I think phone and computer technology today are much more convenient and comfortable to use than in the past.

문제 당신이 어렸을 때 컴퓨터나 휴대폰과 비교하여 지금의 컴퓨터나 휴대폰의 특징의 차이점은 무엇인가요? 과거에는 어떻게 생겼었나요? 시간이 지나면서 기술 발전이 가져온 변화에 대해 모두 말해주세요.

답변 지난 10년에서 20년 사이에 기술이 많이 바뀌었습니다. 제가 어렸을 때 컴퓨터와 전화는 요즘 같지 않았습니다. 요즘과 같이 고도로 발달되어 인터넷에 연결되지 않았습니다. 우리는 휴대 전화를 가지고 있었지만, 전화를 걸거나 문자 메시지만 보낼 수 있었습니다. 그들은 휴대 전화보다 더 크고 두껍게 보였고 인터넷도 사용할 수 없었습니다. 또한 더 값 싼 재료로 만들어졌습니다. 또한 어렸을 때는 컴퓨터가 훨씬 더 느리고 컸기 때문에 오래된 것은 휴대하기가 더 어려워 집에서 많은 공간을 차지했습니다. 요즘 노트북은 얇고 가벼우며 Wi-Fi를 사용하여 거의 모든 곳에서 인터넷에 연결할 수 있습니다. 저는 오늘날 전화와 컴퓨터 기술이 훨씬 편리하다고 생각합니다.

Q8

In your background survey, you indicated that you take trips domestically. Tell me about some of the places you like to travel to and why you like going there.

[주제 소개] My favorite place to take a trip domestically is Jeju Island in southern Korea.

[답변 전개] It is not that far from Seoul and I can take an airplane there. On top of that, airplane tickets are very cheap.

[답변 절정] It is my favorite place to visit because there are lots of beautiful beaches and resorts. I can be surrounded by nature and enjoy the trip comfortably. Not only that, but there is also Hanra Mountain which is the highest mountain in Korea. I can enjoy beaches and mountains at the same time in Jeju. My second favorite place would be Busan. There are many beaches and traditional seafood markets. It is also one of the most popular tourist attractions and the best place to experience 70's style Korean culture.

[결론] Those are the reasons why I love to travel to those places in my country.

문제 당신 설문조사에서 국내 여행을 한다고 했습니다. 여행하고 싶은 장소와 왜 그곳에 가고 싶은지 말해주세요.

답변 국내에서 가장 좋아하는 곳은 한국의 제주도입니다. 서울에서 멀지 않은 곳에서 비행기를 탈 수 있습니다. 게다가 비행기 티켓도 매우 저렴합니다. 아름다운 해변과 휴양지가 많기 때문에 방문하기 가장 좋은 곳입니다. 자연에 둘러싸여 여행을 편안하게 즐길 수 있습니다. 뿐만 아니라 한국에서 가장 높은 산인 한라산도 있습니다. 제주도에서 해변과 산을 동시에 즐길 수 있습니다. 두 번째로 좋아하는 곳은 부산입니다. 많은 해변과 전통 해산물 시장이 있습니다. 또한 가장 인기있는 관광 명소 중 하나이며 70년대 스타일의 한국 문화를 경험할 수 있는 최고의 장소이기도 합 니다. 이것이 제 나라에서 여행하는 것을 좋아하는 이유입니다.

What kinds of things do you like to do when you go to the beach? Tell me about the activities you typically do when you go to the beach.

[주제 소개] I usually go to the beach once or twice a year with my family to spend my vacation, and there are lots of things I usually do to enjoy some activities.

[답변 전개] When I get there, the first thing I usually do is check into our hotel room and head down to the beach as soon as possible. While we are there, we just spend time together on the beach and enjoy the water and the scenery. We sometimes enjoy water skiing or riding in a boat.

[답변 절정] And we usually get dinner at a seafood restaurant and try the local specialties. We have a great time enjoying the food and drinks together while catching up on our daily lives. We take lots of pictures and visit a tourist attraction if there is one.

[결론] I have made this trip many times, and this is usually how it goes.

문제 해변에 갈 때 당신은 어떤 종류의 활동을 하고 싶어 하나요? 해변에서 가장 많이 하는 활동에 대해 말해주세요.

답변 저는 평소에 가족과 함께 1년에 한두 번 해변에서 휴가를 보내고, 평상시에 할 일이 많습니다. 저는 가서 가장 먼저 하는 일은 호텔 방을 조사하고 가능한 빨리 해변으로 향하는지 봅니다. 우리가 거기에 있는 동안. 그저 해변에서 시간을 보내고 수영과 풍경을 즐깁니다. 때때로 수상 스키나 보트 타기를 즐깁니다. 그리고 해산물 레스토랑에서 저녁 식사를 하고 현지 특선 요리를 맛봅니다. 우리는 일상 중에 음식과 음료를 함께 즐기며 즐거운 시간을 보냅니다. 많은 사진을 찍고 관광 명소가 있으면 방문합니다. 저는 여러 번 이렇게 여행을 해왔습니다.

Tell me about some of the trips that you took in your youth. Where did you go? Who did you go with? And what did you do or see during those early trips?

[주제 소개] I remember I often took a trip to Daejeon with my family when I was young.

[답변 전개] We went to visit my grandparents to celebrate the holiday together. It was the Korean traditional holiday of Chuseok, so we went for a whole week. We drove from Seoul, but since it was a holiday, the traffic was very bad and it took about 8 hours to get there.

[답변 절정] When we arrived, my grandparents came out to welcome us. My whole family had made the trip, and we talked and enjoyed each other's company. We all made Holiday food and played some of the traditional games together. We went to our families' ancestral graves to do a memorial ceremony. Then we drove back home on the weekend.

[결론] It is a really nice memory of my childhood that I remember fondly.

문제 당신이 어렸을 때 갔던 여행에 대해 말해주세요. 어디로 갔었나요? 누구와 함께 갔었나요? 그 여행에서 무엇을 하고, 무엇을 보았나요?

답변 어렸을 때 가족과 함께 대전에 자주 갔습니다. 우리는 조부모님과 휴일을 기념하려고 갔습니다. 한국의 전통 휴일인 추석이었습니다. 그래서 일주일 간 있었습니다. 서울에서 이동했지만 휴가였기 때문에 교통체증이 너무 심하여 거기에 도착하는 데 약 8시간이 걸렸습니다. 우리가 도착했을 때 조부모님이 우리를 환영하기 위해 나왔습니다. 모두가 여행을 했고 서로 이야기하고 즐겼습니다. 온 가족이 휴일 음식을 만들고 전통 게임을 함께 했습니다. 가족의 무덤을 방문하여 기념 행사를 가졌습니다. 그 다음 우리는 주말에 집으로 돌아 왔습니다. 저는 어린 시절의 추억이 정말 좋아서 기억이 납니다.

Q11

I'd like to give you a situation and ask you to act it out. You're meeting your colleague to talk about a new project. Call your colleague and ask about when and where you meet.

[전화인사 및 전화건 목적 말하기] Hello, this is Jordan, I'm calling you to ask some questions about our meeting this week for our new project. Do you have time to talk right now? I would like to confirm a few things about the schedule.

[질문하기] I have to go to another meeting right after our meeting. So, I am wondering, what time do you think the meeting will be finished? Our meeting is at 2pm, but is there any way we can start earlier? You mentioned that you would reserve the conference room. Which conference room are we going to use? I heard that there was a chance someone else would be added to the team. Will anyone else be coming to the meeting? Ok, great. I just have one more question. Do you need me to prepare anything before the meeting?

[인사로 마무리] Thanks for your help, I'll see you there!

문제 상황을 드릴 테니 역할극을 해주세요. 당신은 새 프로젝트에 대해 동료와 만나서 이야기를 나눌 예정입니다. 동료에게 전화를 걸어 언제 어디서 만날지 질문을 하세요.

답변 안녕하세요, 요르단입니다. 저는 이번 주에 우리의 새로운 프로젝트에 대한 우리의 회의에 관해 몇 가지 질문을 하겠습니다. 지금 말할 시간이 있으십니까? 일정에 대해 몇 가지 사항을 확인하고 싶습니다. 저는 회의 직후 다른 회의에 가야합니다. 회의가 언제 끝날 것이라 생각하십니까? 우리 회의는 오후 2시에 있지만, 우리가 일찍 시작할 수 있습니까? 회의실을 예약하겠다고 말씀하셨습니다. 우리가 사용할 회의실은 무엇입니까? 다른 사람이 팀에 추가 될 가능성이 있다고 들었습니다. 다른 사람이 회의에 옵니까? 좋습니다. 저는 한 가지 질문이 더 있습니다. 회의 전에 어떤 것을 준비해야 합니까? 도와 줘서 고맙습니다 거기서 만납시다!

Q12

I'm sorry, but there is a problem I need you to resolve. You are supposed to meet your colleague today, but you are too busy. Call your colleague to explain the situation and give two to three alternatives.

[문제확인] Hi! It's me. I think I need to talk to you about our appointment to meet today. There's a bit of a problem with my schedule. I was going to meet for coffee but I don't think I can make it. My deadline is coming up tomorrow and I have to prepare for it. I wish I could go, but I can't. I am really sorry.

[질문하기] Are you available tomorrow instead? I'd like to take you out for lunch or something to make it up to you. What do you think? If that doesn't work for you, I can stop by your desk sometime soon to bring you some coffee. When is a good time to stop by? I have one more suggestion here. How about grabbing a beer this Friday night after work?

[마무리] Give me a call when you get a chance. I am really sorry again. Bye.

문제 미안하지만, 당신이 해결해야 하는 문제가 생겼습니다. 당신은 오늘 동료를 만나기로 되어 있습니다. 그런데 너무 바쁩니다. 동료에게 전화를 걸어 상황을 설명하고, 2-3가지 대안을 말해 주세요.

답변 안녕. 오늘 만날 약속에 대해 얘기 해보자. 내 일정에 약간의 문제가 있어. 나는 커피를 마실 예정이었지만 그렇게 못할 것 같아. 내일이 마감일이라서 준비해야만 해. 내가 갈 수 있으면 좋겠어. 정말 미안해. 대신 내일은 괜찮을까? 점심 먹으러 너를 데려다 주고 싶어. 어떻게 생각해? 그게 안된다면 내가 곧 커피를 가져다 주려고 책상으로 들를 수 있어. 언제쯤 들를까? 다른 제안이 하나 있어. 일주일 뒤 금요일 저녁에 맥주를 마시면 어떨까? 기회가 생겼을 때 전화 해. 정말 미안해. 안녕.

Q13 **That's the end of the situation. Have you ever had a problem with a particular project? What was the problem and how was it resolved? Please give me a lot of details.**

[주제 소개] Yes, I have had problems with a project before. Just last summer I had difficulty meeting a deadline.

[답변 전개] One of the managers of my department had to leave the project in the middle of the plan, so we didn't have enough information and the worst problem was that we had only a week left to meet the deadline. It was very frustrating and stressful for everyone.

[답변 절정] So, my team had to figure out a way to make the project successful. We reassigned everyone's jobs to divide extra responsibilities and did a lot of overtime.

[결론] Fortunately, just right before the deadline, we were able to fully complete the project. We were so happy and relieved! We were very satisfied with how everything turned out. I am still pretty proud of it.

[문제] 마지막 상황입니다. 어떤 프로젝트에 문제가 생긴 경험이 있나요? 문제는 무엇이었나요? 어떻게 해결했나요? 가능한 자세히 말해주세요.

[답변] 예, 이전에 프로젝트에 문제가 있었습니다. 지난 여름에 마감 기한을 맞추기가 어려웠습니다. 내 부서의 관리자 중 한 명이 계획의 도중에 프로젝트를 끝내야 했기 때문에 충분한 정보가 없었고 최악의 문제는 마감일을 지키기 위해 1주일이 남았다는 것이었습니다. 모두가 매우 초조하고 스트레스가 많았습니다. 따라서 우리 팀은 프로젝트를 성공적으로 수행할 수 있는 방법을 찾아야 했습니다. 우리는 여분의 책임을 나누기 위해 모든 사람의 일을 재분배했고 초과 근무를 많이 했습니다. 운 좋게도 마감 직전에 프로젝트를 완전히 완료할 수 있었습니다. 우리는 너무 행복했고 안심했습니다! 우리는 모든 것이 어떻게 되었는지에 대해 매우 만족했습니다. 나는 아직도 그 일이 자랑스럽습니다.

Q14 **I would like to know where you live. Can you describe your home to me? What does it look like? How many rooms does it have? Give me a description with lots of details.**

[주제 소개] I live in downtown Seoul near Gangnam subway station in a 4-room apartment. I can tell you a bit more about it.

[답변 전개] When you first come into my house, there is a living room right in front of you. From there, there are two bedrooms, one for my wife and me, one for our children, and we use the other two as a study room and a clothes room.

[답변 절정] I think my apartment looks pretty spacious and open, and there are different kinds of modern and fashionable furniture arranged throughout the house. Each room has different decorations, but everything is comfortable and cozy.

[결론] If you visit my home to see what it is like, you would definitely like it.

[문제] 당신이 사는 곳에 대해 알고 싶습니다. 당신의 집을 묘사해 줄 수 있나요? 어떻게 생겼나요? 방은 몇 개인가요? 가능한 자세히 묘사해주세요.

[답변] 저는 강남 지하철역 근처의 도심에 4개의 방이 있는 아파트에 살고 있습니다. 조금 더 설명해 보려고 합니다. 처음 우리집에 들어오면, 바로 앞에 거실이 있습니다. 거기에는 두 개의 침실이 있습니다. 하나는 아내와 저를 위한 것이고 다른 하나는 우리 아이들을 위한 것입니다. 우리는 나머지 두 개를 공부방과 옷장으로 사용합니다. 제 아파트가 꽤 넓고 개방적이라고 생각합니다. 그리고 집안 전체에 현대적이고 세련된 가구들을 배열했습니다. 각 방마다 장식이 다르지만 모든 것이 편안하고 아늑합니다. 제 집을 방문해 본다면 분명히 좋아할 것입니다.

I live in an apartment. Please ask me three or four questions about the place I live in.

[문제확인] Hi, Eva. It is really nice to speak with you. It is good to know that you also live in an apartment, like I do. And, if you don't mind, I would like to ask you about where you live.

[질문하기] I live in an apartment located near Gangnam in Seoul. What about you Eva? Where do you live? What neighborhood is your apartment in? Can you tell me what it looks like inside your apartment? In my apartment, there are 4 rooms and it is pretty spacious. How many rooms does your apartment have? That sounds great. I just have one more question. What do you like the most about your apartment?

[마무리] Wow, that's really interesting. I think we have a lot in common. Thanks for your time! I hope to talk to you soon.

문제 저는 아파트에 살고 있습니다. 내가 사는 아파트에 관해 3~4가지 질문을 해보세요.

답변 안녕. 에바. 당신과 이야기하는 것이 정말 좋습니다. 저처럼 당신도 아파트에 살고 있다는 것을 알아서 좋습니다. 괜찮다면, 당신이 사는 곳에 대해서 묻고 싶습니다. 저는 서울 강남 근처에 위치한 아파트에 살고 있어요. 에바 당신은요? 어디 사세요? 아파트 근처에는 무엇이 있나요? 아파트는 어떻게 생겼는지 말해 줄 수 있어요? 제 아파트에는 4개의 방이 있고 꽤 넓습니다. 아파트에는 몇 개의 방이 있습니까? 좋아요. 한가지 더 질문이 있어요. 아파트의 장점은 무엇입니까? 와, 정말 재미있어요. 제 생각에는 공통점이 많은 것 같아요. 시간 내 줘서 고마워요! 조만간 이야기해요.

퀵
오픽 최신기출
반영
OPIc IM+